Le conflit israélo-arabe

des origines à nos jours

Gilles Martinez
Professeur d'histoire et de géographie
au lycée Daudet de Tarascon
Chargé de cours à l'université d'Avignon

Thierry Scotto di Covella
Professeur d'histoire et de géographie
au lycée Daudet de Tarascon

MÉMO

Seuil

MÉMO

COLLECTION DIRIGÉE PAR JACQUES GÉNÉREUX ET EDMOND BLANC

EXTRAIT DU CATALOGUE

HISTOIRE

1. *Chronologie de l'économie mondiale.* Frédéric Teulon
2. *Chronologie de l'économie française.* Frédéric Teulon
3. *L'Économie française depuis 1945.* Frédéric Teulon
12. *La Révolution française.* Jean-Clément Martin
13. *Bilan de la Seconde Guerre mondiale.* Marc Nouschi
14. *La IVe République.* Jacques Dalloz
15. *Les Relations internationales depuis 1945.* Philippe Moreau Defarges
16. *La Construction européenne de 1945 à nos jours.* Pascal Fontaine
17. *Le Commentaire de documents en histoire médiévale.* Jacques Berlioz
29. *La Grande-Bretagne depuis 1945.* Roland Marx
30. *Les Relations Est-Ouest depuis 1945.* Pascal Boniface
31. *Histoire des politiques sociales (Europe, XIXe-XXe siècle).* Francis Démier
32. *Les Décolonisations.* Bernard Droz
43. *Croissance, Fluctuations et Crises (dans les économies industrielles de 1945 à nos jours).* Marc Nouschi
47. *L'URSS et la CEI depuis 1945.* Benoit Falaize
48. *Chronologie de la France depuis 1944.* Jacques Dalloz
49. *Chronologie des États-Unis.* Denise Artaud
50. *La Ve République.* Éric Duhamel
59. *Le Conflit israélo-arabe (des origines à nos jours).* Gilles Martinez et Thierry Scotto di Covella

ISBN 2-02-030422-8

SOMMAIRE

1 LE MOUVEMENT SIONISTE ET LA PALESTINE (FIN DU XIXe-DÉBUT DU XXe SIÈCLE)

Le sionisme est, pour les Juifs, l'acte de retourner s'installer en Terre sainte pour y fonder une patrie; Sion, la colline de Jérusalem, symbolise par extension l'intégralité de l'ancien territoire juif (Eretz Israël).

A. LA SITUATION DES JUIFS D'EUROPE AU XIXe SIÈCLE

a. L'émancipation des Juifs

- En 1791, en France, l'Assemblée législative accorde aux Juifs **l'égalité des droits civils**, mettant fin à toute distinction légale. Le modèle français est suivi progressivement par les autres pays européens; il s'agit d'un phénomène long, que l'on peut considérer comme achevé en 1917 avec la révolution russe.
- **L'émancipation des Juifs européens accompagne la révolution industrielle dans tous ses aspects :**

– accroissement des communautés juives urbaines, avec l'ouverture des ghettos et l'exode des communautés rurales;
– accès aux nouvelles professions : journalistes, médecins, juristes, ingénieurs, financiers...

- Les Juifs participent donc à la révolution industrielle, faisant leurs les valeurs du libéralisme, du progrès scientifique et de la modernité technique. Mais ils s'exposent aussi aux yeux des populations au sein desquelles ils souhaitaient se fondre.

b. L'antisémitisme

L'antisémitisme se distingue de l'antijudaïsme religieux. C'est une idéologie moderne qui part du constat supposé que l'émancipation a été un échec en ce qu'elle n'aurait servi qu'aux Juifs; ceux-ci en auraient alors profité pour pénétrer et dominer les populations qui les accueillaient. Idéologie irrationnelle, l'antisémitisme imagine les Juifs se plaçant volontairement en dehors des nations en formation ou récemment formées. C'est cette irréductibilité supposée des Juifs aux nationalismes européens qui pousse les théoriciens de l'antisémitisme à poser la « question » de la place des Juifs dans les nouvelles sociétés européennes.

c. Manifestations de l'antisémitisme

● **Il se développe surtout à partir de 1873**, année qui marque le début d'une crise économique sans précédent en Europe. Cette crise a débuté en Europe centrale avec la faillite de la banque Credit Anstalt, qui appartenait à la famille Rothschild.

● **L'antisémitisme se développe partout en Europe :**
– en 1897, Karl Lueger, leader antisémite du parti chrétien-social autrichien, est élu maire de Vienne ;
– de 1894 à 1906, l'affaire Dreyfus révèle la profondeur de l'antisémitisme français ;
– en Russie, les pogroms, encouragés par l'État, se multiplient après l'assassinat du tsar Alexandre II, en 1881…

● **Les persécutions** subies par les Juifs orientaux **incitent les plus démunis** d'entre eux **à fuir vers l'Europe de l'Ouest** dans l'espoir d'émigrer, essentiellement vers les États-Unis, accessoirement vers la Palestine. En traversant l'Europe, ces Juifs offrent souvent une image désastreuse du judaïsme et confortent ainsi les antisémites dans leurs opinions. Ces grands mouvements migratoires poussent les Juifs d'Europe centrale et occidentale à trouver une solution pour résoudre le problème des Juifs orientaux : le sionisme.

B. LE SIONISME ET LA COLONISATION JUIVE

a. Le sionisme philanthropique et la première aliyah

● **Les nombreuses manifestations d'antisémitisme qui secouent l'Europe dans le dernier quart du XIXe siècle sont à l'origine d'une effervescence de la pensée et de l'action sionistes :**
– de nombreux intellectuels juifs, religieux ou non, élaborent une réflexion originale sur l'idée de l'existence d'une nation juive et de la possibilité de constituer un État spécifique ;
– à partir de 1884, les groupes des Amants de Sion coordonnent leurs efforts pour développer un sionisme philanthropique, c'est-à-dire une aide matérielle et financière ponctuelle pour l'installation d'individus ou de petits groupes hors d'Europe ;
– l'association russe Bilou préconise l'émigration vers la Palestine pour les Juifs persécutés…

• **Les Bilouim sont à l'origine de la première « montée en Palestine » (ou aliyah)**, qui permet, de 1882 à 1903, à environ 30 000 Juifs d'Europe orientale de gagner la Palestine pour y constituer des colonies agricoles. Les colons construisent un nouveau Yishouv (communauté juive en Palestine), malgré les nombreuses difficultés qui avaient été sous-estimées :
– dès 1882, les autorités ottomanes interdisent, avec peu de succès toutefois, l'immigration juive en Palestine ;
– leur inexpérience en matière agricole compromet le succès de l'opération...
La première aliyah est sauvée par l'intervention d'Edmond de Rothschild, qui investit en Palestine et permet la constitution d'un premier fonds de population juive sur l'ensemble du territoire palestinien.

• **Theodor Herzl (1860-1904)**, journaliste juif d'origine austro-hongroise. Marqué par l'antisémitisme, tant à Vienne qu'en France, il estime urgent de proposer une solution pour les Juifs. En 1896, il publie *L'État juif*. Mettant en évidence la modernité de l'antisémitisme, il développe l'idée que les Juifs se doivent de trouver des réponses tout aussi nouvelles que le sont les attaques. L'intégration et l'assimilation étant jugées vaines, **les Juifs doivent partir et réagir à l'Histoire en créant leur propre nation**. Il imagine donc la constitution d'un État pour les Juifs. L'emplacement idéal retenu est déjà la Palestine. Cet État doit accueillir en priorité les Juifs les plus pauvres et les plus vulnérables. L'émigration doit être organisée rationnellement par le biais de sociétés chargées de préparer concrètement toutes les étapes de la colonisation. **Cet État doit permettre de constituer les Juifs en nation** à travers la scolarisation obligatoire, l'éducation par le travail... Herzl rejette le principe d'un nationalisme à base religieuse, et donc d'une théocratie.

b. Le congrès de Bâle et la consécration du sionisme

• **En 1897**, le congrès de Bâle réunit, à l'initiative de Herzl, les représentants du sionisme européen. **Le principe d'une colonisation de la Palestine est officiellement adopté.** Le congrès décide de développer une intense activité diplomatique pour obtenir le soutien des grandes puissances européennes. Il crée l'Organisation sioniste mondiale, qui a pour tâche d'organiser l'émigration grâce à :

– un organe de presse officiel (*Die Welt*) ;
– un fonds de collecte des dons (Kéren Hayesod) ;
– une banque, fondée en 1899, chargée d'octroyer des prêts aux colons (Jewish Colonial Trust) ;
– un organisme foncier pour le développement rural...

• **Le congrès de Bâle est à l'origine de la seconde aliyah.** De 1904 à 1914, 35 000 à 40 000 Juifs, poussés par l'accentuation des pogroms en Russie, se rendent en Palestine ; phénomène nouveau : ils orientent la colonisation dans la voie du socialisme. Leur œuvre est considérable :
– les colonies se multiplient, ce qui permet une extension de l'espace agricole contrôlé par les Juifs ;
– les colons mettent en place les premières structures de type collectiviste : organisation du travail sur une base égalitaire, promotion de la vie en communauté... ;
– les Juifs sont cependant majoritairement des urbains, comme en témoigne la fondation de Tel-Aviv en 1909 ;
– une vie politique se développe avec la création de partis...

C. LE SIONISME, LES PALESTINIENS ET LA GUERRE

a. Le sionisme affronte de nombreuses difficultés

• **Des problèmes liés aux Juifs eux-mêmes.** La seconde aliyah ne capte qu'une faible part des émigrants. Ces derniers préfèrent toujours se diriger vers les États-Unis.

• **Le sionisme rencontre des oppositions de la part de certains Juifs**, notamment des religieux orthodoxes qui n'envisagent pas de retour des Juifs en Eretz Israël avant la venue du Messie. D'autres, mais ils sont rares, soulèvent le véritable problème : le sionisme est une construction idéologique qui ne tient pas compte des Arabes présents en Palestine.

• **Des relations conflictuelles entre Juifs et Arabes.** Les Juifs, par l'achat de terres aux grands propriétaires fonciers arabes et par l'instauration du « travail juif », privent les paysans palestiniens d'occasions de gagner leur vie. Les Juifs vivent en marge de la société palestinienne : ils ont notamment constitué des organisations d'autodéfense dotées de matériel moderne. **Un fossé se creuse, animé par le ressentiment des populations arabes de Palestine.**

b. Peut-on parler d'un nationalisme palestinien ?

● **Le XIXe siècle voit se former un nationalisme arabe.** Mais existe-t-il alors un nationalisme proprement palestinien ? On peut en douter. La Palestine est sous domination ottomane depuis le XVIe siècle ; de surcroît, ses limites géographiques n'ont jamais été nettement définies. Chaque communauté administre ses problèmes selon ses coutumes spécifiques. Néanmoins, la Palestine n'est pas une terre sans peuple ; les Arabes musulmans y sont nettement majoritaires face aux Juifs et aux chrétiens.

● Cependant, il est juste de dire que **le sionisme a provoqué une réaction nationaliste en Palestine**, caractérisée par :
– une prise de conscience des intellectuels palestiniens, qui s'unissent pour dénoncer le sionisme ;
– l'émergence d'une presse qui multiplie les articles antisionistes.

● On peut parler d'**un prénationalisme palestinien, qui ne s'exprime qu'en réaction au développement du sionisme.** Ce sentiment embryonnaire touche les couches les plus cultivées de la population arabe de Palestine, tandis qu'**il n'existe pas encore de réelle conscience nationale populaire.** Mais dès lors, l'hostilité au sionisme ne cesse de croître, **jetant ainsi les bases du conflit israélo-arabe.**

c. Le tournant de la Première Guerre mondiale

● **En 1914, l'Empire ottoman entre en guerre aux côtés des Allemands**, suscitant l'inquiétude des Britanniques, installés en Égypte. **Le Proche-Orient est déjà une zone stratégique** par sa position sur la route des Indes et du fait de l'essor de l'exploitation pétrolière. Pour affaiblir les Turcs, les Britanniques cherchent à susciter une révolte arabe ; celle-ci est proposée à Hussein, chérif de La Mecque, qui espère en retour la création d'un grand royaume arabe dont il deviendrait le souverain. La révolte est finalement déclenchée en 1916.

● **Les Britanniques n'ont pas la même vision que les Arabes de ce que doit devenir le Proche-Orient** débarrassé de la présence ottomane. Ils ne souhaitent pas inclure la Palestine au futur royaume. Le 16 mai 1916, l'accord Sykes-Picot établit pour le Proche-Orient les futures zones d'influence de la France et de la Grande-Bretagne.

● **Les dirigeants britanniques souhaitent disposer d'un « bastion palestinien » permettant de renforcer la sécurité du canal de Suez et de la route des Indes. Pour cette raison, ils vont utiliser le mouvement sioniste.**

LES BRITANNIQUES ET LE SIONISME (1917-1939)

2

A. LA MISE EN PLACE DU MANDAT BRITANNIQUE

a. La Grande-Bretagne joue la carte sioniste

• La politique de rapprochement avec les sionistes, qui **triomphe au cours de l'année 1917, répond à plusieurs besoins.** Dans la mesure où la guerre est encore incertaine, le ralliement des Juifs américains et russes à la cause des Alliés semble représenter un atout. En outre, les historiens mentionnent souvent une culture protestante qui aurait conduit les hommes d'État britanniques à considérer avec sympathie les aspirations sionistes. Enfin, la Grande-Bretagne est prête à coopérer avec le mouvement sioniste parce que cela sert ses intérêts.

• **La guerre a montré la fragilité de la position des Juifs en Palestine**, face à des autorités ottomanes qui devenaient très hostiles ; les colons originaires de Russie sont considérés comme des étrangers dont le pays est en guerre contre la Turquie. Des initiatives importantes sont prises en 1917. **La déclaration Balfour du 2 novembre 1917 est une étape décisive.**

b. La déclaration Balfour

Il s'agit d'une lettre adressée par Arthur Balfour, ministre britannique des Affaires étrangères, **à lord Walter Rothschild**, membre éminent de la communauté juive du Royaume-Uni.

« Cher Lord Rothschild,

J'ai le grand plaisir de vous adresser, au nom du Gouvernement de Sa Majesté, **la déclaration de sympathie avec les aspirations des Juifs sionistes** qui a été soumise au cabinet et approuvée par lui. Le gouvernement de Sa Majesté envisage favorablement **l'établissement en Palestine d'un Foyer national pour le peuple juif**, et emploiera tous ses efforts pour faciliter la réalisation de cet objectif, étant clairement entendu que **rien ne sera fait qui puisse porter préjudice aux droits civils et religieux des communautés non juives en Palestine, non plus qu'aux droits et au statut politique dont les Juifs pourraient jouir dans tout autre pays.** Je vous serais reconnaissant si vous voulez bien porter cette déclaration à la connaissance de la Fédération sioniste. »

Cette lettre courte et dense ne manque pas d'ambiguïtés. Les intentions des Britanniques concernant le « Foyer national pour le peuple juif » ne sont pas clairement exprimées. La déclaration Balfour annonce-t-elle la création d'un État juif ? La lecture du texte ne permet pas de répondre à cette question. La localisation du « Foyer » peut également prêter à confusion. Les exégètes de la déclaration Balfour affirment deux idées importantes : **la Palestine à laquelle songent les hommes d'État britanniques serait située sur les deux rives du Jourdain; le « Foyer » promis aux Juifs ne devrait se trouver que dans une partie de la Palestine.** La même incertitude existe lorsqu'il est fait allusion aux « droits civils et religieux » des Arabes vivant en Terre sainte et définis comme des « communautés non juives ». Évoquer les « droits civils » signifie que les droits politiques des habitants de la Palestine ne sont pas reconnus. Le caractère arabe de la Palestine de 1917 est passé sous silence. Les garanties offertes aux Arabes sont très vagues.

c. Les conséquences de la victoire des Alliés

Dès le mois de décembre 1917, les troupes du général Allenby entrent à Jérusalem. Toute la Palestine est conquise par les Britanniques en 1918. **La conférence de San Remo en avril 1920 permet de distribuer les mandats : la Syrie et le Liban reviennent à la France, la Palestine et l'Irak à la Grande-Bretagne.** Dès 1920, les Palestiniens réagissent violemment. Les affrontements entre Arabes et Juifs ne vont pas empêcher la Société des Nations d'officialiser la tutelle britannique sur la Palestine en juillet 1922. **Le mandat confié au Royaume-Uni est très favorable au mouvement sioniste.** Les références à la déclaration Balfour y sont très explicites. Cependant, l'espace ouvert à l'immigration juive est limité. La Palestine, séparée de la Transjordanie en septembre 1922, comprend la Galilée, les régions situées entre le Jourdain et la Méditerranée, la bande de Gaza ainsi que le désert du Néguev.

B. L'ESSOR DU YISHOUV

a. L'immigration juive

La croissance de la population juive en Palestine est une grande victoire du sionisme. De nouvelles vagues d'immigration conduisent environ 360 000 Juifs en Terre sainte. L'avènement du nazisme en Allemagne accélère le mouvement entre 1933 et 1936. En 1938, plus de 410 000 Juifs représentent près de

29 % des habitants de la Palestine. Les Juifs ont désormais un poids démographique suffisant pour peser sur l'avenir du pays.

b. Les institutions du Yishouv

Les sionistes profitent de la période mandataire pour mettre en place des structures politiques. **La construction de l'État juif est en marche.**

- Les citoyens du Yishouv élisent un **Parlement (Assefat hamivharim)**, dont les membres désignent un **Comité national (Vaad Léumi)** chargé de représenter les Juifs auprès des autorités britanniques tout en assumant des fonctions administratives.
- L'**Agence juive** est constituée en 1929. Elle contribue à l'organisation de l'immigration et collabore avec la puissance mandataire.
- La **Histadrouth** est fondée en 1920. Cette Organisation générale des travailleurs juifs d'Eretz Israël est beaucoup plus qu'un syndicat. Elle possède des entreprises et assure une protection sociale à ses membres.
- La **Haganah** est une organisation de défense liée à la Histadrouth.

c. Les clivages politiques

Le mouvement sioniste n'est pas homogène et regroupe des sensibilités politiques diverses.

- **Au cours des années 30, le Mapaï (Parti des ouvriers d'Eretz Israël) devient la principale force politique du Yishouv.** David Ben Gourion joue un rôle important dès l'entre-deux-guerres. Ce pionnier de la deuxième aliyah, né en Pologne russe en 1886, dirige la Histadrouth jusqu'en 1935, et prend ensuite la tête de l'Agence juive. Il défend un socialisme résolument tourné vers la construction de la nation.
- **La droite révisionniste a également ses partisans.** Elle est dirigée par Vladimir Jabotinsky (1880-1940), qui préconise une immigration massive et la création d'un État juif situé sur les deux rives du Jourdain.

d. La situation sociale

- **Le niveau de vie des Juifs est nettement supérieur** à celui des Arabes. Le fossé entre les deux communautés ne cesse de se creuser.
- **Les inégalités** à l'intérieur du Yishouv **sont très fortes**. Les recherches de Zeev Sternhell montrent que le socialisme sioniste relève du mythe et de la propagande. Les écarts de salaires entre

les travailleurs juifs sont aussi importants que dans les pays capitalistes de l'époque. L'égalitarisme des Kibboutzim est exceptionnel. Le socialisme est surtout un thème permettant de mobiliser les militants et les travailleurs. **La renaissance de la nation juive en Eretz Israël passe bien avant d'hypothétiques transformations des structures sociales.**

C. LA RÉSISTANCE PALESTINIENNE ET L'ÉVOLUTION DE LA POLITIQUE BRITANNIQUE

a. Le refus palestinien

- **Les Palestiniens n'acceptent pas la déclaration Balfour.** La société juive qui se développe en Palestine est perçue comme un corps étranger.
- **L'opposition au sionisme est résolue** mais affaiblie par ses divisions. **Le mufti de Jérusalem, Hajj Amîn al-Husayni, est une figure célèbre et controversée de l'antisionisme.** Sa fonction religieuse, qui lui permet d'interpréter le droit musulman, et son appartenance à l'une des plus puissantes familles de Palestine lui confèrent un grand prestige.
- **Le recours des Palestiniens à la violence va être systématique.** La liste des affrontements est longue. **L'état de guerre entre les communautés arabe et juive commence sous le mandat britannique.**

b. La Grande Révolte palestinienne

L'augmentation de l'immigration juive va conduire les Palestiniens à des actions de plus en plus radicales.

- Du 21 avril au 11 octobre 1936, **la Palestine est paralysée par la « Grande Grève ».** Le mouvement part de Jaffa et se répand dans tout le pays : les comités de grève se multiplient. Les Britanniques réagissent très vigoureusement, n'hésitant pas à multiplier les arrestations, les amendes collectives et les dynamitages de maisons. Une commission royale d'enquête est envoyée sur place afin d'étudier le problème palestinien.
- **Un rapport est publié en juillet 1937. Le plan Peel propose un partage de la Palestine.** Les Juifs obtiendraient la Galilée et la majeure partie de la plaine côtière. Les Arabes rejettent catégoriquement toute idée de partition. Les sionistes émettent des réserves sur le découpage proposé tout en approuvant un pro-

cessus qui pourrait conduire à la création d'un État juif. **Le plan Peel est finalement un échec.**

- Dès le mois de septembre 1937, **les Palestiniens s'engagent dans une véritable guerre contre les Britanniques**. La répression est féroce. Des auxiliaires juifs participent à cette entreprise. Cependant, la bienveillance de la Grande-Bretagne impose aux dirigeants sionistes une politique de retenue. Or, les extrémistes juifs refusent toute modération dans la guerre contre les Arabes. Pour l'**Irgoun Zvaï Leumi** (organisation militaire nationale), le recours au terrorisme est légitime et nécessaire.
- **L'alliance des forces britanniques et sionistes ne permet pas de venir à bout de la résistance palestinienne.** Les insurgés contrôlent une partie de la Palestine. **Le mouvement national palestinien est désormais une réalité.** Cependant, les Palestiniens sortent affaiblis de la longue épreuve de force qui les a opposés aux Britanniques.

c. Le Livre blanc

L'approche de la Seconde Guerre mondiale va conduire la Grande-Bretagne à changer radicalement sa politique à l'égard du problème palestinien. Il n'est pas question de pousser les Arabes dans le camp de l'Allemagne nazie. **La publication du Livre blanc, le 17 mai 1939, marque une étape fondamentale. Le soutien apporté par les Britanniques au sionisme est remis en cause.**

- **Une Palestine indépendante** doit voir le jour dans les dix ans.
- **L'immigration juive est limitée** à 75 000 personnes pour les cinq ans à venir.
- **La possibilité donnée aux Juifs d'acheter des terres est restreinte.**

Les Palestiniens ne sont pas satisfaits de ces dispositions. Pourtant, le nombre des attaques arabes va diminuer. Le retour au calme est proche.

Dans le camp sioniste, c'est la consternation et l'indignation qui l'emportent. **Les portes de la Palestine vont se refermer alors que le judaïsme européen est à la veille d'une catastrophe sans précédent.**

3 LE PARTAGE DE LA PALESTINE (1940-1947)

A. LES JUIFS DANS LA GUERRE

a. Le Proche-Orient, enjeu des stratégies

• Dès le début de la Seconde Guerre mondiale, **le Proche-Orient apparaît comme une zone stratégique de première importance**. Le canal de Suez et les champs pétrolifères font de la région un enjeu fondamental.

• **Les Britanniques accentuent leur contrôle sur la région**, par la mise en place du « Middle East Supply Center », chargé d'orienter les ressources du Proche-Orient vers l'effort de guerre britannique. Les Anglais doivent faire face à une montée importante du nationalisme arabe. Bagdad devient, jusqu'à ce que la Grande-Bretagne rétablisse son autorité par la force en 1942, le centre de ralliement des nationalistes arabes antibritanniques, dont le grand mufti Hajj Amîn al-Husayni…

• A partir de 1941, **les Britanniques s'assurent le contrôle de la Syrie au détriment des Français de Vichy**. Avec la victoire d'El-Alamein, à l'automne 1942, la menace allemande s'éloigne définitivement. **La Grande-Bretagne possède donc la maîtrise totale de la région.**

b. Les politiques du sionisme

• **Du 6 au 11 mai 1942, les principales organisations sionistes se réunissent à New York, à l'hôtel Biltmore**, et y élaborent un programme qui pose le principe de la constitution d'un État juif. La conférence demande que les Juifs puissent constituer une force militaire combattant sous son propre drapeau. Elle souhaite surtout une intensification de l'émigration vers la Palestine et son placement sous le contrôle direct de l'Agence juive. Les sionistes tentent d'accentuer l'immigration clandestine ; pendant la guerre, 50 000 Juifs arrivent légalement en Palestine, tandis que 12 000 parviennent à entrer illégalement.

• **L'effort de guerre contraint la Grande-Bretagne à décharger la Palestine d'une partie importante de ses troupes. Les Britanniques sont obligés de coopérer avec la Haganah** pour garantir le maintien de l'ordre. Ils assurent l'entraînement d'une unité d'élite d'environ 3 000 hommes : le Palmach.

• **Beaucoup de Juifs intègrent l'armée britannique**, alors que les Arabes se montrent plus réticents. La Grande-Bretagne accepte d'incorporer 50 000 Juifs, pour moitié au maintien de l'ordre en Palestine, pour moitié sur les champs de bataille européens. En 1944, une brigade juive se bat en Italie et acquiert ainsi l'expérience de la guerre moderne.

c. La destruction des Juifs d'Europe

• **La politique nazie d'extermination.** Le but d'Hitler était de débarrasser le territoire allemand des Juifs, sans aucun souci d'humanité ou de pitié. En attendant de pouvoir les déporter vers des territoires lointains, les nazis pratiquent, jusqu'en 1941, une politique de concentration en camps et en ghettos ; la mortalité y est effroyablement élevée. Devant la faillite des projets de conquête, **la conférence de Wannsee (20 janvier 1942) décide d'une « solution finale » par l'extermination systématique des Juifs.**

• **Génocide, Shoah ou Holocauste ?** Parler d'holocauste (« sacrifice ») revient à conférer un caractère religieux, sacré et unique à l'événement. La Shoah (mot hébreu signifiant « catastrophe ») évoque un désastre accompagné d'un sentiment de détresse. **Le terme qui semble à la fois le plus neutre et le plus significatif est celui de génocide,** qui définit l'extermination systématique d'une communauté sur des critères précis.

• **Combien de victimes ?** En 1946, le Tribunal international de Nuremberg donnait le chiffre de 6 millions de morts, toutes communautés confondues. En 1947, le Congrès juif mondial avançait le chiffre de 5 978 000 morts. **L'historien américain Raul Hilberg évalue le nombre des victimes juives à environ 5 100 000** ; la difficulté de l'estimation fait sans doute de ce chiffre un minimum.

B. QUEL AVENIR POUR LES JUIFS À LA FIN DE LA SECONDE GUERRE MONDIALE ?

a. Les Juifs européens sans avenir immédiat

• **Les survivants des camps se trouvent dans une situation dramatique.** Les réfugiés affluent dans les hôpitaux, les camps, ou se retrouvent sur les routes à la recherche de leur famille. Les camps de réfugiés accueillent jusqu'à 300 000 rescapés. **La majorité des Juifs indemnes choisit de quitter l'Europe.**

• **Les voies de l'immigration restent cependant fermées.** Les Britanniques confirment les dispositions restrictives du Livre blanc et empêchent les Juifs qui le souhaitent de gagner la

Palestine. Les États-Unis maintiennent leurs quotas d'immigration jusqu'en 1948.

• **Seul véritable espoir pour les Juifs, la mauvaise conscience des vainqueurs de la Seconde Guerre mondiale.** Le sentiment de culpabilité, dû notamment à l'échec des tentatives de sauvetage, est immense. Il joue un rôle essentiel dans la décision de donner un véritable État aux Juifs.

b. Situation difficile pour les Juifs de Palestine

• **Les Britanniques cessent de soutenir la Haganah** dès lors que la Palestine n'est plus directement menacée. L'armée juive doit alors se réfugier dans la clandestinité et cacher ses dépôts d'armes. Alors que les Britanniques cessent de soutenir les Juifs, les Arabes cherchent à s'organiser.

• **La conférence d'Alexandrie**, qui se déroule du 25 septembre au 7 octobre 1944, réunit les représentants de l'Égypte, de l'Irak, du Liban, de la Syrie et de la Transjordanie. Ils décident de créer une Ligue arabe et demandent l'indépendance de la Palestine dans son intégrité territoriale. **Toute possibilité de constitution d'un État juif est refusée.**

• **La Ligue arabe** est créée le 22 mars 1945 à la conférence du Caire. Son but est d'assurer entre ses membres une coopération économique, financière, sociale et culturelle. Elle associe la Palestine à son action, et crée à cet effet un Haut Comité arabe chargé de fédérer les principales organisations palestiniennes sous l'autorité d'Hajj Amîn.

c. Les parties présentes en Palestine

• **Les Britanniques, plutôt favorables à un État binational,** ne sont cependant pas systématiquement hostiles à l'idée d'un partage. Ils souhaitent avant tout rester en mesure de contrôler Jérusalem et le désert du Néguev.

• **Les Britanniques doivent faire face à la lutte armée** décidée par l'Irgoun en 1944. Cette organisation entreprend des actions terroristes pour forcer les Britanniques à évacuer la Palestine; le groupe Stern, ou Lehi, fraction dissidente, assassine lord Moyne, ministre-résident au Caire. En octobre 1945, Ben Gourion décide d'engager la Haganah aux côtés de l'Irgoun. L'action la plus spectaculaire reste l'attentat contre l'hôtel King David, siège du QG des forces anglaises, le 22 juillet 1946. Les Britanniques doivent mettre en place un système de répression important et coûteux; les arrestations se multiplient.

- **Pour forcer la main aux Britanniques**, qui refusent d'ouvrir la Palestine aux rescapés des camps, **les sionistes affrètent des bateaux pour tenter de faire entrer les Juifs clandestinement.** Les Britanniques arraisonnent la plupart des navires et internent les passagers à Chypre. L'épisode le plus célèbre est celui de l'*Exodus* et de ses 4 500 passagers, qui ne peuvent débarquer et doivent repartir pour l'Europe. **La politique répressive de la Grande-Bretagne a pour effet de renforcer la cause du sionisme auprès des grandes puissances.**

C. INTERNATIONALISATION DU PROBLÈME

a. L'intervention des grandes puissances

- **L'URSS manifeste de la sympathie pour la cause des Juifs.** Elle intervient pour favoriser leur départ des pays qu'elle contrôle et soutient la cause du sionisme à l'ONU. S'opposant à la Grande-Bretagne en Iran, l'Union soviétique cherche à fragiliser les intérêts britanniques où que ce soit au Proche-Orient.
- **Le président Truman fait peser le poids des États-Unis en faveur de la cause sioniste.** Dès la conférence de Potsdam, il demande aux Britanniques de lever les restrictions à l'immigration et va jusqu'à proposer l'entrée en Palestine de 100 000 nouveaux immigrants.
- **En 1945, les États-Unis imposent à la Grande-Bretagne la création d'une commission d'enquête anglo-américaine.** Celle-ci remet son rapport en avril 1946. Elle préconise d'accorder les 100 000 entrées et de substituer un mandat des Nations unies à celui de la Grande-Bretagne.

b. L'intervention de l'ONU

Au début de l'année 1947, les Britanniques réunissent à Londres les représentants des communautés juive et arabe. La Grande-Bretagne propose la scission de la Palestine en deux provinces autonomes, avec un gouvernement central qui resterait sous contrôle anglais. Devant le refus des deux communautés et l'accentuation des troubles en Palestine, **la Grande-Bretagne annonce son intention de transmettre le cas de la Palestine aux Nations unies.** A cette date, la Palestine a perdu beaucoup de son intérêt pour les Britanniques.

En mai 1947, l'ONU ouvre une session spéciale. Elle décide de la création d'une commission d'enquête chargée de proposer des solutions. L'UNSCOP (Commission spéciale des Nations unies pour la Palestine) se rend sur place dès juillet 1947.

c. Le partage

- Si une minorité des membres de l'UNSCOP se prononce en faveur d'un État binational, **la majorité préconise la partition en deux États distincts** ; Jérusalem doit former une zone internationalisée sous contrôle de l'ONU. Si les Juifs acceptent ce partage, les Arabes le rejettent catégoriquement.
- **Le 29 novembre 1947, la résolution 181 sur le partage de la Palestine est adoptée par l'Assemblée générale de l'ONU par 33 voix contre 13 et 10 abstentions** (dont la Grande-Bretagne). La Palestine est donc divisée en trois : un État juif, qui comprend la région de Tibériade, la plaine côtière et un territoire s'étendant sur le désert du Néguev jusqu'à Eilat ; un État arabe qui couvre une partie de la Galilée, la Cisjordanie et la bordure de la frontière égyptienne ; la zone internationalisée de Jérusalem…
- **Le Haut Comité arabe rejette le partage décidé par l'ONU. Les pays arabes voisins et les Palestiniens se préparent à une solution de force.** Les Britanniques décident d'évacuer leurs forces armées, **laissant les deux communautés face à face.**

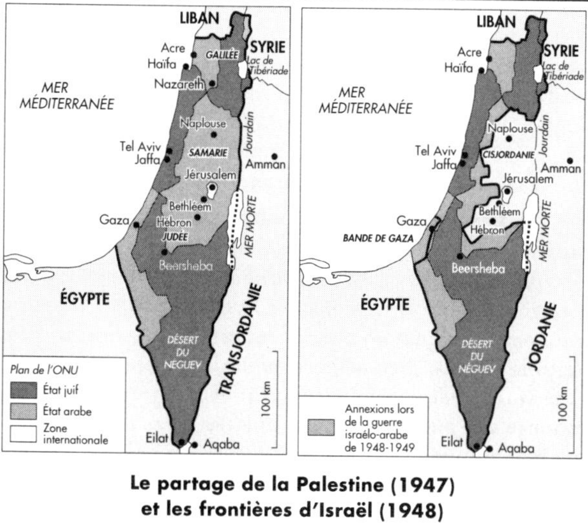

Le partage de la Palestine (1947) et les frontières d'Israël (1948)

LA PREMIÈRE GUERRE ISRAÉLO-ARABE (1947-1949)

A. LA GUERRE EN PALESTINE (DÉCEMBRE 1947 - MAI 1948)

a. Un conflit inévitable

• **Les Palestiniens sont indignés par le vote du 29 novembre 1947.** Ils n'acceptent pas de partager leur pays avec les sionistes. Une fois de plus, la violence leur apparaît comme la seule solution pour empêcher l'application d'une décision qu'ils refusent totalement.

• **L'enthousiasme est de rigueur chez les sionistes.** Cependant, l'idée même de partage ne fait pas l'unanimité chez les Juifs. L'Irgoun de Menahem Begin écarte toute idée de partition, estimant qu'on ne saurait diviser Eretz Israël.

• **Le plan de l'ONU n'est pas sans faiblesses.** La présence d'une forte minorité arabe dans l'État juif apparaît délicate à gérer. Le statut de Jérusalem, où les Juifs sont nombreux, est complexe à mettre en œuvre. Les Nations unies ne sont pas en mesure de faire appliquer leurs décisions.

b. Les forces en présence

L'étude des rapports de force est malaisée. Les points de vue sur la question divergent très souvent. En outre, il est difficile de comptabiliser des combattants engagés dans une guérilla.

• **Les Palestiniens.** Plusieurs groupes de combattants ont été formés avec des effectifs rassemblant tout au plus quelques dizaines de milliers d'hommes équipés de fusils mais ne disposant pas d'armement lourd. **Dès le mois de janvier 1948, des volontaires de l'Armée du secours de Fawzi al-Qawuqji s'infiltrent en Palestine.** Les Palestiniens reçoivent le concours des Arabes prêts à se battre contre l'ennemi sioniste. La Légion arabe de Transjordanie participe épisodiquement au conflit. Cependant, le manque d'unité des forces engagées dans le conflit représente un handicap certain.

• **Les faiblesses sionistes sont bien réelles.** Les effectifs de la Haganah, de l'Irgoun et du Lehi totalisent plus de 70 000 personnes. Pourtant, ce chiffre ne doit pas faire illusion dans la mesure où il ne prend pas en compte le degré d'entraînement des recrues. Les troupes d'élite regroupées dans le Palmach sont très minoritaires. **L'armement présente de nombreuses insuffi-**

sances et ne permet pas de remporter une victoire décisive. Les sionistes doivent faire face à plusieurs inconvénients : la présence britannique, plutôt favorable aux Arabes, et l'embargo sur les armes décrété par les États-Unis. **Cependant, le contrat passé par la Haganah avec la Tchécoslovaquie en décembre 1947 en vue d'une livraison d'armes leur apporte une lueur d'espoir.**

c. Le Yishouv sur la défensive

- **Les villes où coexistent Juifs et Arabes sont particulièrement exposées aux actes terroristes.** Dès le 30 novembre 1947, les Palestiniens s'engagent dans cette voie : les civils sont alors les premières victimes. Les représailles sionistes sont tout aussi impitoyables. Les embuscades et les plasticages entretiennent un climat d'insécurité permanente.
- **Les Arabes lancent des attaques contre les colonies isolées et s'efforcent de contrôler les principaux axes menant en Galilée, à Jérusalem et au Néguev.** La lutte pour le contrôle de la route reliant la Ville sainte à la plaine côtière devient un des enjeux de la guerre.
- **La dégradation de la situation en Palestine n'est pas sans inquiéter Washington.** La déclaration du représentant américain au Conseil de sécurité de l'ONU, proposant le 19 mars 1948 l'instauration d'une tutelle internationale sur la Terre sainte, va à l'encontre des intérêts sionistes. Les représentants de l'Union soviétique ne soutiennent pas cette suggestion et considèrent toujours la création de deux États distincts comme la meilleure solution.

d. Le redressement militaire des forces sionistes

- **Les premiers mois de la guerre ont été difficiles pour les sionistes :** l'éventualité d'une défaite juive se précise à la fin du mois de janvier 1948. **La situation se retourne complètement au cours du printemps. La livraison des armes tchécoslovaques permet à la Haganah de passer à l'offensive.** Dans le cadre du **plan Dalet**, les forces sionistes déclenchent des attaques pour contrôler les voies de communication et pour s'emparer d'un certain nombre de villes et de villages afin d'établir une continuité territoriale des implantations juives.
- L'application du plan Dalet se traduit **par toute une série d'offensives, du 1er avril au 15 mai 1948. L'opération Nachshon est engagée pour libérer la route de Tel-Aviv à Jérusalem.** Les offensives suivantes vont permettre à la Haganah de

multiplier les succès militaires. La situation est désormais défavorable aux Palestiniens.

• En marge des opérations de la Haganah, **l'Irgoun et le Lehi lancent le 9 avril 1948 une attaque contre Deir Yâsîn**, un village proche de Jérusalem, dont les habitants avaient signé un accord de non-belligérance avec le quartier de Guivat Shaul. **L'opération « Unité au combat » débouche sur un massacre de civils qui indigne les Arabes.**

B. LA GUERRE D'INDÉPENDANCE (MAI 1948-JANVIER 1949)

a. L'entrée en guerre des États arabes

• **La déclaration d'indépendance de l'État d'Israël est lue par David Ben Gourion le 14 mai 1948.** Elle fait référence à la résolution 181 de l'ONU, mais passe totalement sous silence le plan de partage. Les frontières du nouvel État ne sont pas évoquées. **En fait, les Israéliens contrôlent déjà une partie des territoires qui devaient revenir aux Arabes.** Déjà 300 000 réfugiés palestiniens ont abandonné le pays.

• **Le 15 mai 1948, les armées égyptienne, transjordanienne, syrienne, libanaise et irakienne passent à l'offensive.** Pourtant, le monde arabe est moins uni qu'il n'y paraît. Ainsi, les souverains égyptien et transjordanien n'ont pas les mêmes vues concernant l'avenir de la Palestine. **Abdallah, le roi de Transjordanie, songe surtout à agrandir son territoire.** Les régimes arabes n'ont rien de démocratique ; ils doivent pourtant tenir compte de leurs opinions publiques. Or, la cause palestinienne est populaire et l'opposition au sionisme particulièrement virulente. La guerre contre Israël représente un ciment qui permet de souder les populations à leurs gouvernements. Ce conflit est aussi une manifestation du nationalisme arabe.

b. Les revers israéliens

• **Le nombre des soldats** engagés dans chaque camp **est à peu près équivalent à celui du début de la guerre. Les armées arabes disposent de plusieurs atouts : l'appui de la Grande-Bretagne leur permet notamment d'obtenir des livraisons d'armes et de bénéficier d'un appui diplomatique qui n'est pas négligeable.** Israël doit mobiliser toutes ses forces pour résister.

• Les débuts du conflit sont extrêmement difficiles pour Israël : **les armées arabes sont passées à l'offensive sur tous les fronts.** Les Égyptiens bombardent Tel-Aviv et investissent le Néguev. Les Libanais pénètrent en Galilée alors que les tanks syriens avancent dans la région du lac de Tibériade. Les Irakiens progressent en Samarie afin de couper Israël en deux. La Légion arabe de Transjordanie engage la bataille pour le contrôle de Jérusalem. **L'État d'Israël est dans une situation critique.**

• **Les efforts de l'ONU** pour trouver une solution politique au conflit **ne servent à rien**. Les propositions du médiateur des Nations unies, le comte Bernadotte, sont catégoriquement rejetées par les Israéliens. **Bernadotte est assassiné le 17 septembre 1948 par des militants du Lehi.**

c. Les victoires de Tsahal

L'armée israélienne (Tsahal) est constituée à la fin du mois de mai 1948. Elle va mettre à profit la trêve du 11 juin pour augmenter considérablement ses effectifs. **Lors de la reprise des combats, le 9 juillet, les Israéliens peuvent opposer 75 000 soldats à 40 000 Arabes.** L'appui de l'URSS à l'État hébreu est important ; il permet aux Israéliens d'accroître leur stock d'armes. Face à des armées arabes divisées, Tsahal dispose de soldats déterminés et commandés par des chefs compétents. L'exemple de l'aviation est significatif : alors que les Égyptiens ont un nombre d'avions très supérieur à celui des Israéliens, ce sont les forces aériennes juives qui s'assurent de la maîtrise du ciel. **La victoire israélienne est née d'un concours de circonstances, mais elle n'a rien de miraculeux.** Elle a été acquise au bout de plusieurs étapes :

– la guerre des « Dix-Jours » (9-18 juillet 1948) permet à Israël de conquérir Lydda, Ramleh et Nazareth ;

– l'opération Yoav (15-22 octobre 1948) débouche sur une percée des forces israéliennes dans le Néguev ;

– l'opération Hiram de la fin du mois d'octobre permet à Tsahal de chasser l'Armée du secours de Galilée ;

– l'opération Horev, déclenchée le 22 décembre 1948, débouche sur la conquête de la majorité du Néguev.

La guerre d'indépendance peut être considérée comme terminée au début de l'année 1949. Cependant, une ultime avancée des troupes israéliennes, au mois de mars, conduit Tsahal au bord de la mer Rouge.

C. LE BILAN DE LA GUERRE

a. La victoire israélienne

• **Le prix à payer pour assurer la survie d'Israël a été très élevé.** Les combats ont entraîné la mort de 6 000 Juifs, soit 1 % de la population du jeune État. La mobilisation a été totale : les hommes, les femmes, les anciens et les nouveaux immigrants ; tous ont été engagés dans l'effort de guerre. Même les rescapés de la Shoah ont participé à la guerre.

• **Plusieurs conventions d'armistice ont été signées à Rhodes au cours des sept premiers mois de 1949.** Cependant, l'arrêt des hostilités ne signifie pas pour autant l'instauration de la paix. **L'État hébreu contrôle désormais plus des trois quarts de la Palestine mandataire** et comprend toute la Galilée, la plaine côtière jusqu'aux abords de la bande de Gaza, la partie occidentale de Jérusalem ainsi que la totalité du Néguev.

b. Le sort des Palestiniens

• **Les Palestiniens sont les grands vaincus de la guerre ; plusieurs centaines de milliers d'entre eux ont pris le chemin de l'exil.** Les conditions de cet exode ont longtemps opposé les Arabes et les Israéliens. Les premiers dénonçaient une politique systématique d'expulsion alors que les seconds soutenaient la thèse d'un départ volontaire encouragé par la propagande arabe. Les travaux du chercheur israélien Benny Morris permettent d'y voir plus clair. **Les expulsions ont existé mais sont restées minoritaires.** Dans la plupart des cas, **les Palestiniens ont fui les combats** et ont voulu se mettre à l'abri en attendant des jours meilleurs.

• **Les territoires palestiniens qui ont échappé à Israël passent sous la domination des pays arabes. Abdallah procède à l'annexion de la Cisjordanie et de Jérusalem-Est, tandis que la bande de Gaza est placée sous administration égyptienne.** Quant aux réfugiés palestiniens entassés dans les camps, ils vont recevoir l'assistance de l'UNRWA (United Nations Relief and Work Agency). Tous ces exilés aspirent au retour dans leur patrie. Les Palestiniens demeurés en Israël, minoritaires, sont désormais soumis aux lois de l'État juif.

5 LA LOGIQUE DE GUERRE : LA DÉFENSE DU TERRITOIRE ISRAÉLIEN ET LA CAMPAGNE DU SINAÏ (1949-1956)

A. L'ÉDIFICATION DE L'ÉTAT JUIF

a. Un État démocratique

En 1949, Israël est la seule démocratie du Proche-Orient.

- **Le régime politique d'Israël est parlementaire.** Le pouvoir législatif est représenté par la **Knesset**, dont les 120 députés sont élus au scrutin proportionnel pour une durée de quatre ans. La Knesset vote les lois et contrôle le gouvernement.
- **Le président de l'État** est élu par la Knesset pour cinq ans. Ses pouvoirs sont très limités, voire symboliques. Il représente surtout une autorité morale.
- **Le gouvernement dispose de pouvoirs très étendus. Le Premier ministre a la responsabilité de la direction du pays.**
- Israël est un **État de droit** et dispose d'une Cour suprême. Le pouvoir judiciaire occupe une grande place dans le système israélien.

b. Israël n'est pas un État laïque

De nombreux aspects de la vie des Israéliens sont conditionnés par les prescriptions de la Torah. Cependant, il ne s'agit pas d'une théocratie.

- **Israël est un État ouvert aux Juifs du monde entier.** C'est le sens de **la loi du Retour, votée en juillet 1950.** Le nouvel État est favorable à la poursuite de l'immigration. Plus de 800 000 Juifs s'installent en Israël entre 1948 et 1956. Une grande partie d'entre eux vient des pays arabes, où leur sécurité n'est plus assurée. **Les Israéliens estiment qu'un échange de population a eu lieu avec les Palestiniens partis en 1948.**

c. La minorité arabe en Israël

Plus de 160 000 Palestiniens demeurent dans l'État hébreu. Leur présence pose plusieurs problèmes. Ils reçoivent la nationalité israélienne mais sont dispensés de service militaire. Les Arabes israéliens ne jouissent pas des mêmes droits que les Juifs et sont considérés comme une cinquième colonne dont il faut se méfier. Ils sont soumis aux dures lois de l'administration militaire. Les promesses de la déclaration d'indépendance, où était mentionnée une « égalité complète de droits et de devoirs », ne sont pas tenues.

B. UNE NATION SUR LE PIED DE GUERRE

a. Israël refuse tout compromis territorial

Une paix israélo-arabe était-elle possible à la suite de la signature des conventions d'armistice ? Dans l'état de nos connaissances, nous ne pouvons pas apporter de réponse catégorique à cette question. Plusieurs ouvrages, dont celui de Benny Morris sur les guerres frontalières d'Israël, fournissent des informations intéressantes.

- **Les dirigeants arabes semblent disposés à faire la paix à certaines conditions : Israël devrait restituer les territoires conquis en 1948 et accepter le retour d'au moins 400 000 réfugiés palestiniens.** Une conférence réunie à Lausanne en 1949 va se terminer par un échec complet.
- **De nouveaux contacts israélo-arabes** se déroulent au cours de la période suivante. La Syrie propose une paix séparée à Israël et demande en échange une rectification de frontière. Quant aux Égyptiens, ils souhaitent conserver la bande de Gaza et obtenir la cession d'une partie du Néguev.
- **Le Premier ministre israélien, David Ben Gourion, refuse tout compromis territorial.** Il écarte toute restitution de territoires pour lesquels des Juifs ont versé leur sang. L'État d'Israël doit être suffisamment fort pour amener les Arabes à accepter la paix dans le cadre des nouvelles frontières. Ainsi, le plan de partage de 1947 n'est plus d'actualité. En outre, les dirigeants israéliens considèrent qu'un retour massif des réfugiés palestiniens mettrait gravement en danger la sécurité de l'État hébreu.

b. L'organisation de la défense israélienne

Le souci de la sécurité est la priorité des Israéliens. **Israël devient en peu de temps une des sociétés les plus militarisées du monde.** Un pays petit et peu peuplé ne peut espérer résister à ses ennemis qu'en mobilisant l'ensemble de la population. La conscription, qui concerne les femmes aussi bien que les hommes, permet de faire de Tsahal une véritable armée populaire. Les citoyens israéliens doivent accomplir un service militaire de plusieurs années ainsi que des périodes de réserve. Ils acceptent cette contrainte car ils savent qu'une défaite pourrait entraîner la destruction de l'État et des massacres. Ce risque ne peut être écarté qu'avec une armée puissante.

c. Les représailles israéliennes

La surveillance des frontières revêt une très grande importance pour les Israéliens.

- **Chaque année, des milliers de Palestiniens s'efforcent d'échapper aux contrôles pour s'infiltrer en Israël.** Certains veulent retrouver leur pays, leur village, et récupérer leurs biens. Les infiltrations débouchent également sur des vols et des violences.
- **Certains Palestiniens veulent se venger** et s'en prennent systématiquement aux Israéliens. **De nombreux civils sont assassinés par des infiltrés.** Les Israéliens ripostent en créant l'« Unité 101 » en août 1953. Ariel Sharon prend la tête de ce commando spécialisé dans les opérations de représailles. Des expéditions sont engagées en territoire arabe et font des victimes dans la population civile.
- **Tous les responsables israéliens n'approuvent pas le recours systématique à la violence.** Moshe Sharett, qui devient Premier ministre en décembre 1953, est partisan d'une politique plus ouverte à l'égard des Arabes mais ne dispose pas des moyens pour mettre en œuvre ses objectifs. D'ailleurs, Ben Gourion reprend la tête du gouvernement en novembre 1955.
- **La politique des représailles systématiques est finalement un échec.** Le nombre des victimes israéliennes augmente chaque année.

d. Israël et la communauté internationale

- **Israël est membre de l'ONU** depuis le 11 mai 1949. Cette appartenance aux Nations unies ne limite en rien la marge de manœuvre des Israéliens. Ben Gourion est décidé à tenir le cap de sa politique sans tenir compte des pressions internationales.
- **Les États-Unis, la France et la Grande-Bretagne définissent leur attitude face au conflit israélo-arabe en rendant publique une déclaration tripartite le 25 mai 1950.** Les trois pays se déclarent opposés à l'emploi de la force et n'acceptent de vendre des armes qu'aux États dont les objectifs sont strictement défensifs. Une commission doit veiller au respect de ces principes.
- **Tsahal ne peut espérer maintenir sa puissance militaire si elle n'obtient pas de nouvelles livraisons d'armes.** La France de la IVe République intéresse beaucoup les responsables israéliens. Ainsi, le chef d'état-major d'Israël, le général Moshe Dayan, vient à Paris en août 1954 pour expliquer que les Arabes sont les

ennemis communs des deux pays et que des livraisons d'armes françaises seraient les bienvenues. **Les Français répondent très largement aux attentes des Israéliens; la coopération militaire entre les deux États devient de plus en plus forte.**

C. LA CAMPAGNE DU SINAÏ

a. La menace égyptienne

L'Égypte, qui est gouvernée depuis 1954 par le colonel Gamal Abdel Nasser, représente pour Israël un danger réel. La politique égyptienne est résolument hostile à l'État hébreu. La fermeture du détroit de Tiran à la navigation israélienne et le soutien apporté aux combattants palestiniens (les fedayin) sont les meilleurs exemples de cette attitude. La signature d'un contrat permettant à l'Égypte d'importer des armes de Tchécoslovaquie inquiète les Israéliens. Ben Gourion est favorable au déclenchement d'une guerre préventive permettant de punir les Égyptiens tout en détruisant leur potentiel militaire.

b. Les conséquences de la nationalisation du canal de Suez

Nasser a une très mauvaise image de marque dans le monde occidental. Son refus d'intégrer l'Égypte dans le pacte de Bagdad indispose les Américains. Les Britanniques redoutent l'extension du nassérisme à d'autres pays arabes, ce qui ne manquerait pas de mettre en cause leur influence au Proche-Orient. Les Français voient en Nasser le principal soutien du FLN (Front de libération national) en Algérie et estiment que sa chute porterait un coup à la rébellion algérienne. Une nouvelle initiative du dirigeant égyptien provoque la colère des Occidentaux. **Le 26 juillet 1956, Nasser annonce la nationalisation du canal de Suez devant une foule enthousiaste.** Le Président égyptien affirme ainsi l'indépendance de son pays tout en lui procurant de nouveaux revenus. Cette initiative n'est pas révolutionnaire dans la mesure où les Égyptiens sont disposés à indemniser les actionnaires de la Compagnie universelle du canal maritime de Suez. La réaction des Français et des Britanniques est démesurée. Nasser est souvent assimilé à Hitler. Les deux gouvernements entendent profiter de l'occasion pour agir. Quant aux Israéliens, ils ont d'autant plus intérêt à intervenir qu'une alliance est conclue entre l'Égypte, la Jordanie et la Syrie en octobre 1956. La France, la Grande-Bretagne et l'État hébreu ont des intérêts communs qui les rapprochent. **Un plan secret est élaboré pour lancer une expédition contre l'Égypte.**

c. L'offensive israélienne

Le 29 octobre 1956, plusieurs centaines de parachutistes israéliens sont largués dans la région de la passe de Mitla. Tsahal investit le Sinaï dans les heures qui suivent. L'**opération Kadesh** donne à la France et à la Grande-Bretagne le prétexte attendu pour lancer un ultimatum aux deux belligérants, leur enjoignant de se retirer de la zone du canal. Le plan mis au point précédemment fonctionne à merveille. L'ultimatum est d'une telle partialité qu'il est rejeté par l'Égypte, provoquant ainsi l'intervention franco-britannique connue sous le nom d'expédition de Suez. **Cette nouvelle guerre israélo-arabe est un plein succès pour Tsahal, dont les conquêtes englobent le désert du Sinaï et la bande de Gaza.**

d. Les conséquences de la campagne du Sinaï

- L'expédition de Suez est un **fiasco total pour la France et la Grande-Bretagne**. L'URSS menace Paris et Londres de représailles atomiques. Les États-Unis, qui désapprouvent l'initiative de leurs alliés, interviennent sur le marché monétaire pour faire baisser la livre sterling. L'heure est au cessez-le-feu. Le prestige du colonel Nasser est considérablement renforcé par l'issue du conflit.
- **Les Israéliens sont dans une situation plus favorable.** Certes, Ben Gourion doit renoncer à ses rêves d'expansion et restituer les territoires conquis. Cependant, Israël obtient la levée du blocus du détroit de Tiran, ce qui lui permet de développer ses échanges avec l'Asie et l'Afrique. En outre, **l'échec de l'affaire de Suez ne compromet en rien la poursuite de la coopération franco-israélienne.**
- **Une force d'urgence des Nations unies** (FUNU) est disposée le long de la frontière israélo-égyptienne. La présence des casques bleus sur le territoire égyptien est un facteur de paix.

LE PROCHE-ORIENT DE 1957 À 1967 : UNE ACCALMIE RELATIVE

A. LES DIVISIONS DU MONDE ARABE

a. L'échec de la République arabe unie

Le colonel Nasser est un symbole pour les peuples du Proche-Orient. Il est l'homme capable de défier l'Occident sans pour autant s'aligner sur l'Union soviétique. **La Syrie entame un processus de rapprochement avec l'Égypte qui conduit à la proclamation de la République arabe unie le 1er février 1958.** Désormais, Nasser préside aux destinées des deux pays dans le cadre d'une union politique très poussée. Une telle initiative satisfait tous ceux qui rêvent de l'unité du monde arabe. Cependant, l'emprise égyptienne sur la Syrie est telle qu'elle conduit à l'échec de cette tentative. **La sécession syrienne intervient en septembre 1961 à la suite d'un putsch.**

b. L'instabilité politique du monde arabe

L'histoire politique du Proche-Orient arabe est extrêmement agitée. Plusieurs coups d'État ont des conséquences politiques importantes.

- **Le 14 juillet 1958, un putsch entraîne la chute de la monarchie en Irak et l'arrivée au pouvoir du général Kassem.** Le nouveau régime retire le pays du pacte de Bagdad et prend des mesures socialisantes. L'URSS, qui cherche à développer son influence dans le tiers-monde, apporte son soutien à Kassem. Un nouveau coup d'État a lieu en février 1963.
- **La révolution yéménite de 1962 a des conséquences capitales pour le monde arabe.** La guerre civile qui déchire le Yémen accentue les divisions des États arabes. L'Égypte intervient militairement pour soutenir les forces républicaines et se retrouve prise au piège d'un conflit long et difficile. Des troupes égyptiennes se retrouvent ainsi immobilisées loin de la frontière avec Israël pendant plusieurs années. L'Arabie Saoudite fait un choix opposé et apporte son aide aux tribus royalistes.
- **Des coups d'État** se déroulent **en Syrie** au cours des années 1961, 1963 et 1966. **Les dirigeants du putsch de février 1966 se rapprochent de l'URSS et concluent un accord de défense avec l'Égypte.**

c. Les États arabes et Israël : passivité égyptienne et agressivité syrienne

• **Une nouvelle guerre contre l'État hébreu n'est pas à l'ordre du jour.** Nasser sait que le rapport de force n'est pas favorable à l'Égypte et se montre très prudent. La présence de la FUNU représente une bonne excuse pour ne rien entreprendre. Le Président égyptien justifie sa passivité en invoquant le précédent des croisades : un corps étranger ne peut survivre durablement face à un environnement hostile.

• **En 1964, Israël met en service la Conduite nationale hydraulique**, afin de transférer l'eau prélevée en Galilée vers le sud du pays. Damas réplique en mettant en chantier des travaux visant à détourner les eaux du Jourdain. **L'attitude de la Syrie à l'égard d'Israël est extrêmement agressive et conduit à la multiplication des incidents.** Les Syriens utilisent les hauteurs du plateau du Golan pour procéder à des tirs d'artillerie contre les colonies juives du nord de la Galilée.

B. L'ORGANISATION DE LA RÉSISTANCE PALESTINIENNE

a. La diaspora palestinienne

Contrairement aux attentes des Israéliens, les Palestiniens chassés par la guerre de 1948 ne s'intègrent pas dans les pays arabes où ils se sont installés. La société palestinienne survit dans des camps de réfugiés. Les enfants sont élevés dans le souvenir de la patrie perdue et apprennent très tôt la haine de l'ennemi sioniste. La forte natalité des familles contribue à rendre le problème des réfugiés de plus en plus difficile à résoudre. **Tous ces exilés aspirent au retour et rêvent d'une victoire totale qui anéantirait l'État hébreu.**

b. Le Fath

• **La génération de l'exil** est décidée à passer à l'action. **Un Mouvement de libération nationale palestinienne est fondé au Koweït en 1959 par Yasser Arafat.** Le mot **Fath**, qui désigne cette organisation, signifie conquête ou victoire.

• **Arafat** sait que **les États arabes n'hésitent pas à se servir de la cause palestinienne** pour défendre leurs intérêts. Une organisation de résistance palestinienne n'en est que plus indispensable pour tous ceux qui veulent se battre pour la renaissance de la Palestine. La recherche d'une plus grande autonomie ne doit pas dispenser les militants du Fath d'agir pour pousser le monde arabe sur la voie de la confrontation avec Israël.

• **Une organisation de combat**, nommée **al-'Asifa (la Tempête)**, s'engage dans des **actions militaires** contre les Israéliens à partir de 1965. **Les militants du Fath considèrent que la lutte armée peut leur apporter la victoire.** Ils sont encouragés par la réussite du FLN en Algérie.

c. L'OLP

L'Organisation de libération de la Palestine est fondée en 1964 afin de créer une « entité palestinienne » sans pour autant gêner les États arabes. L'OLP dépend de la Ligue arabe, dispose d'un Parlement (le Conseil national palestinien), d'une Armée de libération de la Palestine (ALP), ainsi que d'un budget financé par les contributions des États arabes et des Palestiniens. **La charte de l'OLP, adoptée en 1964, récuse toute idée de compromis avec Israël.** L'article 17 est très explicite : « Le partage de la Palestine en 1947 et la création d'Israël sont des décisions illégales et artificielles quel que soit le temps écoulé, parce qu'elles ont été contraires à la volonté du peuple de Palestine et à son droit naturel sur sa patrie. » Le premier président de l'OLP, **Ahmed Choukeiri**, attire très vite l'attention par l'extrémisme et la virulence de ses propos. La nouvelle organisation est soutenue par l'Égypte et la Syrie mais se heurte à l'opposition du roi Hussein de Jordanie.

C. LE DÉVELOPPEMENT DE LA PUISSANCE ISRAÉLIENNE

a. Israël connaît une période d'expansion et de changement

• **La période qui va de 1957 à 1967** est globalement **favorable à l'État hébreu.** La population passe de 1,9 à 2,8 millions d'habitants, tandis que les progrès de l'économie se poursuivent dans les domaines de l'agriculture, de l'industrie et du commerce extérieur.

• **Le 16 juin 1963, Ben Gourion démissionne de ses fonctions de Premier ministre. Il est remplacé par Levi Eshkol.** Le nouveau chef du gouvernement n'a pas la même envergure que son prédécesseur mais n'est pas dénué de qualités. L'homme est affable, compétent et réfléchi. Les travaillistes remportent les élections de 1965 malgré la concurrence du Rafi, parti regroupant les fidèles de Ben Gourion. Le clan activiste connaît une défaite cuisante. A la suite de ces résultats, Abba Eban remplace Golda Meir au poste de ministre des Affaires étrangères.

b. Les progrès du potentiel militaire israélien

• **Les relations entre les États-Unis et Israël deviennent de plus en plus cordiales.** L'hostilité des Américains à l'égard de Nasser est telle que la puissance militaire israélienne apparaît comme un atout pour les États-Unis. Les ventes d'armes américaines à l'État hébreu se développent au cours des années 60. Kennedy et Johnson acceptent de fournir aux Israéliens des missiles, des blindés et des bombardiers.

• **La France continue de vendre des armes à Israël jusqu'en 1967.** La coopération entre les deux pays concerne également le domaine nucléaire et aurait permis à Israël d'avancer sur la voie de la mise au point d'une bombe atomique. Pour des raisons évidentes de sécurité, l'État hébreu n'a jamais fourni d'éclaircissements sur ce point. Une chose est certaine : **les Français ont contribué à l'installation d'un réacteur nucléaire à Dimona, dans le Néguev.**

c. Impossibilité d'une détente israélo-arabe

• **Ben Gourion cherche à renforcer son pays sur le plan diplomatique.** Les bonnes relations avec la France et les États-Unis ne sont pas jugées suffisantes. **Une stratégie périphérique permet de nouer des liens avec des pays qui n'ont pas d'excellents rapports avec certains États arabes.** Il s'agit de l'Iran, de la Turquie et de l'Éthiopie. Les relations nouées par Israël avec l'Afrique et l'Asie ne sont pas innocentes : l'appui des États amis du tiers-monde peut être utile à l'Assemblée générale de l'ONU.

• L'arrivée de **Levi Eshkol au pouvoir** marque un tournant. **Le nouveau Premier ministre est décidé à mettre en œuvre une politique plus mesurée à l'égard des Arabes.** Cette attitude est fermement dénoncée par les partisans de Ben Gourion. **Les actions de commandos palestiniens et le radicalisme syrien vont compromettre les efforts de Levi Eshkol.** L'armée israélienne reprend les opérations de représailles. Le général Yitzhak Rabin – il exercera les fonctions de chef d'état-major de 1964 à 1968 – tient des propos menaçants à l'égard de la Syrie. En avril 1967, l'aviation israélienne abat six Mig syriens.

LA GUERRE DES SIX-JOURS ET L'AFFIRMATION DE LA PUISSANCE ISRAÉLIENNE (1967-1970)

A. L'ESCALADE DE MAI 1967

a. Nasser prend le risque d'un conflit

• **Les représailles israéliennes contre la Syrie** placent Nasser dans une situation délicate. Beaucoup d'Arabes n'apprécient pas la modération dont fait preuve le Président égyptien face à Israël. **Nasser doit engager une politique plus énergique contre l'État hébreu s'il ne veut pas perdre tout prestige dans le monde arabe.** Il doit aussi tenir compte d'informations soviétiques faisant état de concentrations de troupes israéliennes dans le nord du pays. Tsahal pourrait donc lancer une attaque massive contre la Syrie. Malgré les dénégations israéliennes, Nasser prend, au mois de mai, des décisions graves qui ouvrent une nouvelle crise au Proche-Orient.

• Il envoie des **troupes dans le Sinaï**, met **l'armée égyptienne en état d'alerte** et obtient le retrait de la FUNU. **Le 22 mai 1967, il va encore plus loin en décrétant la fermeture du détroit de Tiran.** Le 30 mai, l'Égypte et la Jordanie concluent un accord de défense plaçant les forces jordaniennes sous commandement égyptien en cas de conflit.

b. Les hésitations israéliennes

• **Les événements du mois de mai** plongent les Israéliens dans une profonde angoisse. La violence des radios et de la presse des pays arabes atteint des sommets. Les souvenirs de la Shoah sont dans toutes les mémoires. **La population israélienne craint pour l'existence de son État et redoute même un nouveau génocide.** Le Premier ministre Eshkol n'en finit pas d'hésiter, accentuant ainsi le trouble de l'opinion. Les militaires sont plus résolus et souhaitent une riposte rapide. Les opposants à la guerre ne manquent pas d'expliquer que la situation de 1967 n'est pas comparable à celle de 1956. Cette fois, Israël devrait se battre seul contre plusieurs armées.

• **Eshkol ne veut pas entraîner son pays dans un conflit sans avoir exploré toutes les voies d'un règlement pacifique.** Les réactions des grandes puissances sont extrêmement prudentes. Les Américains, qui sont engagés militairement au Viêt-nam, préconisent la prudence. Le général de Gaulle prévient que la

France condamnera le pays qui ouvrira les hostilités. L'Union soviétique se montre menaçante mais préfère éviter une escalade susceptible de conduire à une nouvelle guerre mondiale. **La communauté internationale est incapable de proposer une solution pacifique à la crise.** Désormais, Israël ne peut plus attendre. L'opinion s'interroge sur la capacité du Premier ministre à prendre les décisions qui s'imposent.

c. Israël choisit la guerre

- Le 1er juin, **un gouvernement d'Union nationale** est formé par Eshkol. Menahem Begin devient ministre. Le vainqueur du Sinaï, Moshe Dayan, prend en charge la Défense nationale.
- Le 2 juin, **le général de Gaulle décrète un embargo sur les ventes d'armes françaises au Proche-Orient**. Cette décision pénalise l'État hébreu et renforce la détermination israélienne.
- **Un petit pays comme Israël ne peut pas mobiliser durablement ses réservistes sans affaiblir son économie.** En outre, sa situation géographique le rend très vulnérable à une attaque arabe. Au début du mois de juin 1967, les dirigeants israéliens sont persuadés qu'ils n'ont pas d'autre choix que la guerre.

B. LA VICTOIRE ISRAÉLIENNE

a. Les forces en présence

- **Les dirigeants arabes ont le sentiment d'être en position de force.** Ils disposent de la supériorité démographique et d'un armement moderne livré par l'URSS. Des centaines de chars et d'avions sont prêts à partir à l'assaut de l'ennemi.
- **Les atouts d'Israël** sont très importants. Le matériel militaire, dont disposent les soldats, est d'excellente qualité. L'unité de commandement, la valeur de l'encadrement et l'entraînement des troupes confèrent à Tsahal une puissance indéniable. Les Israéliens disposent des renseignements nécessaires pour frapper efficacement leurs ennemis. Enfin, **le déclenchement d'une guerre préventive procure à l'armée israélienne une supériorité tactique importante.**

b. Les offensives israéliennes

La guerre des Six-Jours dure du **5 au 10 juin 1967**. Tsahal remporte la victoire sur tous les fronts.

- **Dès le 5 juin, l'aviation égyptienne est détruite au sol.** Les forces terrestres d'Israël pénètrent dans le Sinaï. Le gouvernement israélien propose à la Jordanie de se tenir à l'écart du conflit. Cela n'empêche pas le roi Hussein d'engager son pays dans la guerre. L'ampleur des victoires israéliennes permet à Tsahal d'attaquer la Syrie le 9 juin et de s'emparer des hauteurs du Golan.

• **Les six jours de combat entraînent une modification de la carte politique du Proche-Orient. Les Israéliens occupent la bande de Gaza, le Sinaï, la Cisjordanie, Jérusalem-Est et le plateau du Golan.** Le triomphe de l'État hébreu est total. Moshe Dayan et Yitzhak Rabin sont considérés par les Israéliens comme les vainqueurs de la guerre. Tsahal bénéficie de cette victoire, qui lui vaut une réputation d'invincibilité. Le nombre des soldats tués est de 679 pour Israël alors qu'il s'élève à plusieurs milliers dans le camp arabe.

c. Les conséquences diplomatiques de la victoire israélienne

• **L'issue du conflit réjouit les dirigeants américains** et les conforte dans l'idée qu'Israël représente pour eux un atout de premier ordre. Certains États arabes, conscients de la collusion entre les deux pays, rompent leurs relations diplomatiques avec les États-Unis. L'URSS et ses satellites d'Europe de l'Est (à l'exception de la Roumanie) prennent la même décision à l'encontre d'Israël.

• **L'Union soviétique n'est pas venue au secours des États arabes pendant le conflit.** L'amertume de Nasser face à l'attitude du Kremlin est grande. Pourtant, les dirigeants arabes n'ont pas le choix ; ils ont besoin de l'aide soviétique pour reconstruire leur potentiel militaire. **L'influence soviétique au Proche-Orient n'est pas compromise par la défaite des pays arabes.**

• **Un sommet arabe** est organisé à **Khartoum** et débouche sur l'adoption d'une résolution le 1er septembre 1967. Les participants continuent de préconiser « **la non-reconnaissance d'Israël, le refus de la reconnaissance de cet État et de la négociation avec lui et la réaffirmation des droits du peuple palestinien sur son pays** ».

• Le 22 novembre 1967, le Conseil de sécurité de l'ONU adopte la **résolution 242. Celle-ci demande aux Israéliens de se retirer des territoires qu'ils viennent de conquérir en échange d'une paix garantissant leur sécurité.** La situation des Palestiniens n'est évoquée que par une allusion au problème des réfugiés. L'Égypte, la Jordanie et Israël approuvent cette résolution. Ce n'est pas le cas de la Syrie et de l'OLP.

C. ISRAËL, PUISSANCE OCCUPANTE

a. Les Israéliens et les territoires occupés

La guerre des Six-Jours bouleverse les données du conflit israélo-arabe. La superficie contrôlée par Israël est multipliée par quatre. La résolution 242 propose d'échanger les territoires contre la paix. Le gouvernement israélien prend prétexte des décisions du sommet de Khartoum pour maintenir le statu quo. Les problèmes à régler sont nombreux et difficiles. Le départ de plusieurs centaines de milliers de Palestiniens ne doit pas faire oublier que Tsahal doit occuper des régions où les Arabes vivent en grand nombre. Le débat sur l'avenir des territoires suscite des prises de position diverses.

- **Dès le mois de juin 1967, les députés votent l'annexion de Jérusalem-Est.** L'émotion ressentie par les soldats face au mur des Lamentations reflète l'état d'esprit des Israéliens pour qui la Ville sainte ne peut servir de monnaie d'échange.
- **Dayan est favorable au développement de la présence israélienne dans les territoires occupés.** Les premières colonies juives sont implantées en Cisjordanie dès 1967. Le ministre de la Défense ne souhaite pas isoler les Palestiniens : c'est le sens de la **politique des « ponts ouverts » entre la Cisjordanie et la Jordanie.** De nombreux Israéliens sont persuadés qu'il serait absurde de renoncer à des territoires jugés indispensables pour la sécurité d'Israël. Golda Meir, qui devient Premier ministre en mars 1969, partage cette façon de voir.
- La victoire de 1967 favorise l'essor d'un nationalisme politique et religieux. **Pour les tenants du Grand Israël, la Judée et la Samarie sont des terres juives sur lesquelles les Arabes n'ont aucun droit.**

b. L'essor de la résistance palestinienne

- **La défaite des pays arabes favorise l'émergence d'un mouvement palestinien soucieux de parvenir à une véritable indépendance.** Les Palestiniens sont nombreux à ne pas souhaiter le retour de la domination jordanienne sur la Cisjordanie. L'OLP est très largement discréditée et doit s'ouvrir aux organisations de résistance palestinienne en 1968. Une nouvelle charte, toujours favorable à la destruction d'Israël, est adoptée. **Arafat prend la tête de l'OLP en 1969.**
- **La lutte armée des Palestiniens contre Israël est toujours prioritaire.** L'exode d'une partie de la population des territoires

conquis par l'État hébreu lors de la guerre des Six-Jours consolide les mouvements de résistance. De nouvelles organisations voient le jour : on peut citer l'exemple du FPLP (Front populaire de libération de la Palestine), créé par Georges Habache en 1967. La liste des organisations palestiniennes s'allonge régulièrement, les scissions succédant aux scissions.

c. La guerre d'usure

Les Israéliens contrôlent le Sinaï mais ne retrouvent pas la tranquillité pour autant. **L'Égypte, qui reçoit un soutien actif de l'URSS, s'engage à partir de mars 1969 dans une guerre d'usure longue et coûteuse en vies humaines.** Les attaques de l'artillerie égyptienne entraînent des représailles israéliennes. Le secrétaire d'État américain William Rogers intervient pour mettre fin à la crise. **Un cessez-le-feu prend effet en août 1970.** Cependant, tous les efforts de Rogers ne permettent pas d'avancer sur la voie d'un règlement du conflit israélo-arabe.

Israël et les territoires occupés (1967)

8 LA GUERRE DU KIPPOUR ET LES NOUVEAUX RAPPORTS DE FORCE (1970-1977)

A. VERS UNE NOUVELLE GUERRE AU PROCHE-ORIENT

a. L'arrivée au pouvoir de Sadate

En octobre 1970, Anouar el-Sadate devient président de l'Égypte à la suite du décès de Nasser. Le nouveau chef de l'État apparaît à beaucoup d'observateurs comme un personnage sans consistance, tout juste bon à assurer une transition. L'Histoire a montré à quel point ce jugement était erroné. Sadate n'a guère d'illusions sur l'appui que peut apporter l'Union soviétique au monde arabe à un moment où l'on s'achemine vers l'apogée de la détente. En juillet 1972, il décide de renvoyer un nombre impressionnant de conseillers militaires soviétiques. Ses convictions religieuses et politiques le poussent à se rapprocher d'États conservateurs comme l'Arabie Saoudite. **Ce musulman convaincu est également prêt à engager un processus de paix avec Israël en échange de la restitution des territoires occupés.**

b. L'intransigeance israélienne

- **Golda Meir dirige le gouvernement israélien depuis 1969.** Née à Kiev en 1898, elle immigre aux États-Unis en 1906 et s'installe en Palestine en 1921. Elle devient par la suite une des personnalités du mouvement sioniste et de l'État d'Israël.
- **Golda Meir est une disciple de Ben Gourion** et considère que seul un État d'Israël fort peut amener les Arabes à conclure la paix. **Elle n'envisage pas le retour aux frontières antérieures à la guerre des Six-Jours.** Sadate comprend qu'il n'a rien à attendre d'Israël et annonce à plusieurs reprises le déclenchement d'une guerre. Il n'est pas pris au sérieux par le gouvernement israélien, qui ne croit pas aux capacités militaires des Arabes.
- **Les travaillistes israéliens acceptent l'installation de nouvelles implantations juives dans les territoires occupés.** Cette politique rend très aléatoire toute perspective de compromis avec les Arabes. Israël veut bien faire la paix, mais à ses conditions.

c. La radicalisation des Palestiniens

- La présence de **nombreux combattants palestiniens en Jordanie** entraîne une crise très grave connue sous le nom de

« **Septembre noir** ». Le roi Hussein ne tolère plus la présence d'un État dans l'État à l'intérieur du royaume. Des combats opposent l'armée royale aux fedayin en septembre 1970 et causent la mort de plusieurs milliers de personnes. Les Syriens envoient des chars en Jordanie mais renoncent vite à affronter les troupes jordaniennes pour éviter toute extension du conflit. En effet, les États-Unis ne peuvent accepter le renversement du souverain hachémite. Quant aux Israéliens, ils sont peu disposés à laisser se constituer un État dominé par des extrémistes palestiniens. L'attitude de l'État hébreu au cours de cette crise est très appréciée à Washington. **Les événements du mois de septembre 1970 entraînent l'exode d'un grand nombre de Palestiniens vers le Liban.** Ils montrent que le problème palestinien peut déstabiliser un État arabe.

• **La résistance palestinienne, au début des années 70, devient incontrôlable.** Les actes de piraterie aérienne et les attentats se multiplient. Les extrémistes palestiniens n'hésitent pas à attenter à la vie des Arabes jugés coupables de trahison ou de défaitisme. Même la vie d'Arafat est menacée. Cependant, les Israéliens demeurent les principales cibles des actions palestiniennes. **La cause palestinienne suscite bien des sympathies chez les extrémistes de tout bord.** En mai 1972, l'Armée rouge japonaise, agissant pour le compte du FPLP, perpètre un massacre à l'aéroport de Lod, en Israël. En septembre 1972, lors des jeux Olympiques de Munich, des membres du groupe Septembre noir prennent en otage et tuent des athlètes israéliens.

Le gouvernement israélien est préoccupé par cette flambée du terrorisme palestinien et ne voit pas venir des menaces extrêmement graves pour la sécurité de l'État.

B. LE CHOC DE LA GUERRE DU KIPPOUR

a. L'entrée en guerre de l'Égypte et de la Syrie

• **Le 6 octobre 1973, les armées égyptienne et syrienne attaquent Israël.** Les offensives surviennent alors que les Juifs fêtent le Grand Pardon (Yom Kippour), tandis que les musulmans sont soumis aux règles du ramadan. Le chef de l'État égyptien s'est mis d'accord avec le président syrien Hafez el-Assad pour engager ce nouveau conflit. **Sadate compte infliger des pertes suffisamment lourdes aux Israéliens pour les amener à négocier.**

• **Golda Meir a été mise au courant de l'imminence d'une attaque arabe.** Elle décide de ne pas déclencher de guerre préventive afin de conserver l'appui des États-Unis.

b. Les grandes phases du conflit

• **Les débuts de la guerre sont catastrophiques pour Israël.** Les forces égyptiennes traversent le canal de Suez et infligent des pertes importantes à Tsahal. Les Syriens lancent une offensive sur le plateau du Golan qui leur permet d'avancer d'une quinzaine de kilomètres. Les armées arabes disposent d'un excellent matériel, livré par l'URSS : les missiles antichars et les fusées sol-air sont redoutables.

• **Israël donne la priorité à la bataille du Golan** pour protéger le cœur du pays. En quelques jours, **Tsahal parvient à stabiliser le front.** L'aviation, malgré ses pertes, détruit des chars et bombarde la Syrie. Ce redressement permet ensuite aux Israéliens de regagner du terrain.

• **L'amélioration de la situation sur le front syrien permet à Tsahal d'envoyer des soldats dans le Sinaï.** Une manœuvre audacieuse du général Sharon permet aux Israéliens de prendre pied sur la rive occidentale et de menacer les arrières des forces égyptiennes. Les troupes de Sharon peuvent ainsi lancer une attaque le 15 octobre au soir. **Les opérations militaires se poursuivent jusqu'au 24 octobre et aboutissent à l'encerclement de la IIIe armée égyptienne.** L'Égypte est au bord du désastre.

c. Les conséquences internationales de la guerre du Kippour

• **Les événements du mois d'octobre 1973** mettent en évidence **les limites de la détente entre l'Est et l'Ouest.** Des ponts aériens sont établis par les Soviétiques et les Américains pour ravitailler en armes leurs alliés respectifs. Les États-Unis et l'Union soviétique ne veulent pas perdre le contrôle de la situation. Le 22 octobre 1973, le Conseil de sécurité adopte la résolution 338, qui prévoit un cessez-le-feu, l'application de la résolution 242 et l'ouverture de négociations. La reprise des combats provoque une crise internationale. **L'Union soviétique se déclare prête à intervenir pour imposer le cessez-le-feu. Le président américain Nixon riposte en mettant l'arsenal nucléaire en état d'alerte.** La fin des combats permet d'éviter une escalade dangereuse pour la paix mondiale. **Le 11 novembre, l'accord du « kilomètre 101 » est signé par les**

Israéliens et les Égyptiens. Il contient plusieurs dispositions, dont l'échange des prisonniers.

- **La guerre du Kippour est à l'origine du premier choc pétrolier.** Les membres de l'OPAEP (Organisation des pays arabes exportateurs de pétrole) décident d'utiliser le pétrole comme une arme permettant de faire pression sur les pays riches. Ils annoncent leur volonté de réduire leurs livraisons afin d'obtenir un retrait israélien des territoires occupés, et décrètent dans un second temps un embargo à l'encontre des États-Unis et des nations soutenant Israël. D'autre part, l'OPEP (Organisation des pays exportateurs de pétrole) profite de la situation pour augmenter ses tarifs. Le quadruplement du prix du pétrole est obtenu en quelques mois.

C. LES NOUVELLES DONNÉES DU CONFLIT ISRAÉLO-ARABE

a. La fin de l'ère travailliste en Israël

L'opinion israélienne est traumatisée par la guerre du Kippour. La victoire difficilement acquise ne permet pas d'oublier que plus de 2 300 Israéliens sont morts au cours du conflit. La population demande des comptes pour les négligences de l'armée et du gouvernement. **La crise de conscience qui secoue le pays conduit Golda Meir à donner sa démission en avril 1974.** Le nouveau Premier ministre, Yitzhak Rabin, doit gérer une situation difficile. Rabin est bien connu des Israéliens ; il reste à leurs yeux le chef d'état-major qui a conduit Israël à la victoire en 1967. Le nouveau chef du gouvernement a une expérience de la diplomatie acquise au cours des cinq années passées à Washington en tant qu'ambassadeur. Cet homme réservé et prudent dirigera Israël jusqu'en 1977.

b. Israël n'est pas en position de force

- **Une conférence sur la paix, ouverte à Genève** en décembre 1973, ne permet pas de parvenir à un règlement du conflit. **Le secrétaire d'État américain Henry Kissinger met en œuvre une politique de « petits pas » et aboutit à des résultats.** Israël conclut des accords de désengagement avec l'Égypte (janvier 1974) et la Syrie (mai 1974). L'État hébreu accepte un retrait limité de ses troupes et évacue certains territoires conquis précédemment. L'année 1975 permet de nouveaux progrès. La réouverture du canal de Suez intervient au mois de juin. Un accord intérimaire est conclu en septembre 1975. Il contient plusieurs dispositions importantes comme le retrait israélien d'une partie du Sinaï et la mise en place d'une zone tampon. La médiation américaine a permis aux Israéliens et aux Égyptiens d'accomplir un pas en direction de la paix.

- L'appui américain ne doit pas faire oublier qu'**une grande partie de la communauté internationale adopte à l'égard d'Israël une attitude prudente ou hostile.** L'Europe occidentale s'efforce de ménager les pays arabes en raison de sa dépendance énergétique. De nombreux pays du tiers-monde se déclarent opposés à la politique israélienne. **Une résolution de l'ONU, votée en novembre 1975 par l'Assemblée générale, assimile le sionisme à une forme de racisme.**

c. Les progrès de l'OLP

- **L'OLP marque des points sur la scène internationale.** Le sommet arabe de Rabat, organisé en octobre 1974, déclare que **l'OLP est le seul « représentant légitime du peuple palestinien ».** Yasser Arafat prononce un discours à l'Assemblée générale des Nations unies le 13 novembre 1974. Il condamne la politique israélienne et se prononce pour la création d'une Palestine démocratique où Juifs, chrétiens et musulmans pourraient coexister pacifiquement.

d. La guerre civile libanaise

La présence palestinienne au Liban est à l'origine de tensions importantes. **A partir d'avril 1975, le pays est plongé dans la guerre civile.** Les Palestiniens, qui ont trouvé des alliés dans la gauche libanaise, affrontent les forces chrétiennes. Le président syrien Hafez el-Assad, qui n'est pas disposé à accepter une victoire des forces palestino-progressistes, fait intervenir son armée en 1976 et affaiblit les positions palestiniennes. Israël ne s'oppose pas à l'intervention syrienne dans la mesure où celle-ci ne menace pas sa sécurité.

Les années 1970-1977 représentent une étape décisive dans l'histoire du conflit israélo-arabe. La guerre du Kippour est, à ce jour, la dernière grande confrontation militaire opposant Tsahal à une coalition arabe. **Les accords conclus entre l'Égypte et Israël montrent qu'un processus de paix limité est désormais possible.**

LA PAIX ISRAÉLO-ÉGYPTIENNE (1977-1982)

A. LES CONDITIONS D'UN PROCESSUS DE PAIX LIMITÉ

a. La nouvelle politique israélienne

• **La victoire du Likoud.** En mai 1977, la coalition travailliste perd le pouvoir au profit de la coalition de droite (Likoud). Le rejet des travaillistes dans l'opposition a pour causes principales : leur division entre « durs » (Moshe Dayan, Shimon Pérès...) et « modérés » (Abba Eban, Igal Allon...); leur inadaptation à la nouvelle société israélienne; la difficile victoire lors de la guerre du Kippour; les difficultés économiques, qui se traduisent par une poussée du chômage, malgré une inflation descendue en dessous de 30 % et une réduction du déficit commercial.

La victoire du Likoud semble signifier une politique de très grande fermeté à l'égard du monde arabe et des Palestiniens.

• **Menahem Begin.** Né en Russie en 1913, Menahem Begin rejoint la Palestine en 1942; il est nommé chef de l'Irgoun en 1943 et continue de l'engager dans la lutte terroriste contre les Britanniques et les Arabes. A partir de 1948, il tente de faire valoir les vues de l'opposition à la Knesset. Il mène le Likoud à la victoire lors des élections législatives de mai 1977 et est nommé Premier ministre.

• **Le plan Begin.** Ayant nommé Dayan aux Affaires étrangères, Begin renforce l'autorité de son gouvernement et peut, le 25 décembre 1977, établir un plan de règlement de la question des territoires occupés. Il propose l'autonomie administrative de la Cisjordanie et de Gaza, mais dans le cadre d'une tutelle israélienne, tout en y encourageant la création de kibboutzim...

Ce plan est une étape dans l'ouverture d'Israël à un processus de paix limité, même si la colonisation constitue toujours un blocage fondamental.

b. Le monde arabe à l'épreuve

• **Le 13e Conseil national palestinien** (CNP), qui se réunit au Caire en mars 1977, est significatif d'une évolution de l'attitude des Palestiniens à l'égard d'Israël. L'essentiel des principes de la charte de l'OLP reste valable. Toute négociation sur la base de la résolution 242 est refusée, mais il n'est plus fait mention de la libération de l'intégralité du territoire palestinien. Sans formellement admettre le droit d'Israël à exister, **les Palestiniens ne font plus de l'unité de la Palestine une condition absolue.**

• **Les voies d'un dialogue israélo-palestinien.** A la suite du CNP du Caire, une délégation officielle de l'OLP rencontre à Prague une délégation du parti communiste israélien. D'autres Israéliens sont alors favorables à des négociations : en 1975-1976, la faction du « Libre Forum » rassemble à la Knesset une vingtaine de députés favorables à l'étude d'un processus de paix avec les Palestiniens ; Arie Eliav, fondateur du parti Mahaneh Sheli, participe à des rencontres avec des leaders palestiniens dans les années 1976-1977...

c. La nouvelle diplomatie américaine

L'élection de Jimmy Carter, en 1976, entraîne l'élaboration d'une nouvelle politique étrangère, fondée sur la morale et le respect des droits de l'homme. Carter entend favoriser la reconnaissance d'Israël par le monde arabe, ainsi que sa souveraineté dans les frontières de 1949 ; en contrepartie, Israël devrait accepter le droit des Palestiniens à l'autodétermination. **Zbigniew Brzezinski, conseiller du Président pour les affaires de sécurité, recommande l'idée d'un foyer palestinien** qui pourrait prendre la forme d'un État indépendant ou d'une fédération avec la Jordanie.

La reconnaissance progressive des droits palestiniens s'inscrit aussi dans une politique de lutte d'influence au Proche-Orient. L'Égypte a en effet basculé dans le camp américain en 1976. Par une déclaration commune avec l'URSS, à l'ONU, le 1er octobre 1977, les États-Unis reconnaissent « les droits légitimes du peuple palestinien ». **L'attitude des États-Unis permet de faire progresser le rapprochement israélo-égyptien.**

B. LA PAIX AVEC L'ÉGYPTE

a. Les aléas du processus

• **La visite de Sadate à Jérusalem.** Le 9 novembre 1977, Anouar el-Sadate propose de se rendre à Jérusalem pour envisager la paix devant les députés de la Knesset. **Ce retournement de la diplomatie égyptienne s'explique par les importantes difficultés économiques que connaît l'Égypte,** difficultés aggravées par la nécessité d'entretenir une armée au-dessus de ses moyens. Les 19 et 21 novembre 1977, Sadate est accueilli à Jérusalem et prononce un discours devant la Knesset. **Sadate propose la paix à Israël, mais ne l'évoque que dans le cadre de la création d'un État palestinien.** Begin ne fournit qu'une réponse dilatoire. L'initiative du Président égyptien semble marquer le pas ; en effet, lors des rencontres Sadate-Begin d'Ismaïlia, les 25 et 26 décembre 1977, Israéliens et Égyptiens constatent surtout leurs désaccords.

- **La conférence du refus.** L'initiative de Sadate est combattue par l'ensemble des pays arabes, aussi bien par les modérés que par les « progressistes » et l'OLP, qui se réunissent lors d'une conférence « du refus » à Tripoli, du 2 au 5 décembre 1977. Cette conférence marque le début de l'isolement de l'Égypte.
- **La première crise libanaise.** En mars 1978, le rapprochement avec l'Égypte est interrompu lorsque l'armée israélienne envahit le sud du Liban afin de créer une zone tampon entre Israël et les bases de l'OLP. La résolution 425 du Conseil de sécurité de l'ONU demande le retrait des troupes israéliennes et crée la FINUL (Force intérimaire des Nations unies au Liban) ; cette résolution devient le fondement de toute paix israélo-libanaise. **L'opération israélienne prend fin le 23 juin 1978 sans que le problème de la présence palestinienne au Liban soit réglé** ; le retrait des forces israéliennes permet de relancer le rapprochement avec l'Égypte.

b. Les accords de Camp David

- Du 5 au 17 septembre 1978, **Carter parvient à réunir Sadate et Begin** dans la résidence d'été de **Camp David**, concrétisant les difficiles négociations amorcées depuis la visite de Sadate à Jérusalem. Deux accords-cadres, auxquels sont annexées les résolutions 242 et 338, sont signés le 17 septembre.
- **Le premier accord pose le principe de la paix** entre Israël et l'Égypte. **Sadate offre une paix totale**, fondée sur une reconnaissance mutuelle de souveraineté et la suppression des sanctions économiques. Begin accepte de sacrifier l'occupation du Sinaï. Un traité de paix doit être signé dans les trois mois.
- **Le second accord** évoque le sort de la **Cisjordanie** et de **Gaza** ; Begin accepte l'autonomie et la tenue d'élections. **Aucune modalité d'application n'est prévue ; l'acceptation de négociations avec des représentants palestiniens est de pure forme** alors que le mouvement d'implantation de colonies juives dans les territoires occupés se développe systématiquement depuis 1977.

c. Le traité de paix

Israéliens et Égyptiens laissent s'écouler le délai des trois mois. La question des territoires occupés semble au cœur du problème et il faut une visite de Carter en Égypte et en Israël pour relancer le processus. Le traité de paix israélo-égyptien est finalement signé à Washington le 26 mars 1979. Les clauses de l'accord font admettre par chacune des parties la souveraineté pleine et entière de l'autre État. L'Égypte reconnaît ainsi le droit d'Israël à exister en paix dans ses frontières.
Le traité règle le cas du Sinaï, qu'Israël doit restituer par étapes, après le démantèlement des colonies juives. Israël peut donc ainsi prétendre satisfaire à la résolution 242.
Le traité met fin à un état de guerre qui dure depuis plus de trente ans, mais ouvre aussi de nouvelles perspectives au Proche-Orient.

C. NOUVELLES PERSPECTIVES AU PROCHE-ORIENT

a. L'application du traité de paix

- **Nouvelles relations israélo-égyptiennes.** Israël et l'Égypte établissent des relations diplomatiques en janvier 1980, par l'ouverture d'ambassades dans leur capitale respective. Dans le même temps, l'Égypte lève toutes les mesures de boycottage économique à l'encontre d'Israël.
- **L'évacuation du Sinaï.** Elle se réalise rapidement, le gouvernement israélien s'étant engagé à supprimer les colonies juives qui s'y étaient implantées. **Le démantèlement se fait à plusieurs reprises par la force**, mais, le 25 janvier 1980, la première phase du retrait est achevée sur la ligne El Arich-Ras Mohamed. L'évacuation totale du Sinaï est terminée le 25 avril 1982. La bande de Gaza reste soumise au régime des territoires occupés.
- **Réactions du monde arabe.** L'Égypte se retrouve au ban des nations du monde musulman. Lors de la conférence de Bagdad (27-31 mars 1979), elle est exclue de la Ligue arabe, dont le siège est transféré à Tunis. Malgré l'accueil enthousiaste de la population, le traité de paix suscite en Égypte une opposition islamiste ; le 6 octobre 1981, Sadate est assassiné. Son successeur, Hosni Moubarak, ne remet pas en cause la paix avec Israël.

b. Israël se retourne vers les territoires occupés

Israël a donc obtenu la paix sur sa frontière occidentale et peut ainsi chercher à renforcer sa sécurité. **Les années 1979-1981 sont celles d'une construction poussée de l'État d'Israël et d'une politique visant à éviter que ne se reproduisent les conditions de la guerre du Kippour.**

– Dans les territoires occupés, la colonisation s'accélère et suscite de nombreuses manifestations d'opposition. Les actes de terrorisme se multiplient. Israël accentue la répression, en exilant notamment les maires palestiniens qui cautionnent l'action de l'OLP. Ces expulsions entraînent des réactions violentes dans les territoires occupés.

– Le 30 juillet 1980, la Knesset vote la « Loi fondamentale sur Jérusalem » et **affirme ainsi le caractère définitif de l'annexion de Jérusalem-Est**, en contradiction avec la résolution 242.

– Par le bombardement de la centrale nucléaire irakienne Osiraq, le 7 juin 1981, Israël conserve le monopole de l'arme nucléaire au Proche-Orient.

– Le 14 décembre 1981, la Knesset vote l'annexion du plateau du Golan, le considérant comme l'élément fondamental de sa sécurité vis-à-vis de la Syrie.

c. Avortement d'une nouvelle donne diplomatique

A partir de 1980, Européens et pays arabes modérés s'insèrent dans le cadre du règlement du conflit israélo-arabe et de la question palestinienne.

Le 13 juin 1980, les neuf pays de la Communauté économique européenne rédigent la déclaration de Venise. Réitérant leur affirmation du droit des Palestiniens à avoir un État, ils souhaitent une reconnaissance mutuelle d'Israël et de l'OLP.

Aboutissement d'une diplomatie saoudienne modératrice, le plan du prince Fahd du 7 août 1981 pose pour principe **le droit de tous les États du Proche-Orient à vivre en paix** ; il reconnaît donc implicitement le droit d'Israël à vivre dans ses frontières de 1949, l'État palestinien devant se créer sur les territoires occupés, avec Jérusalem pour capitale. Israël et les pays arabes rejettent ce plan.

10 LA GUERRE DU LIBAN (1982-1985)

A. LA CINQUIÈME GUERRE ISRAÉLO-ARABE

a. Division du monde arabe

• Au début des années 80, **le monde arabe semble plus divisé que jamais**. L'Égypte est totalement isolée. La Syrie et la Jordanie développent des intérêts divergents. L'Irak, en 1980, a entamé une guerre pénible contre l'Iran, devenu, l'année précédente, une république islamique derrière l'ayatollah Khomeiny. Israël peut prétendre, depuis sa paix avec l'Égypte, vivre relativement en sécurité ; son principal souci vient du Liban, qui sert de refuge aux combattants de l'OLP ; ceux-ci mènent des raids sur Israël et bombardent la Galilée. Un cessez-le-feu intervient le 24 juillet 1981, à l'initiative de la diplomatie américaine.

b. « Paix en Galilée »

• Après la nouvelle victoire du Likoud, **Begin voit son autorité renforcée**. Le ministre de la Défense, **Ariel Sharon, pousse à une intervention militaire au Liban**. Dès mai 1982, le gouvernement israélien multiplie les avertissements et les représailles contre les bases palestiniennes, et prend ensuite pour prétexte la tentative d'attentat perpétrée par le groupe Abou Nidal contre l'ambassadeur israélien à Londres, le 3 juin, pour riposter. Les tirs de roquettes des Palestiniens depuis le Liban sont alors considérés comme une rupture du cessez-le-feu de 1981.

• **Le 6 juin 1982, après deux jours de bombardements, Israël déclenche l'opération « Paix en Galilée ».** Tsahal bouscule les casques bleus de la FINUL et envahit le Liban. L'objectif des Israéliens est de repousser les Palestiniens à plus de 40 kilomètres de la frontière israélo-libanaise. Il s'agit aussi de mettre en place un gouvernement allié : Israël souhaite s'appuyer sur le parti phalangiste chrétien et sur les milices de Pierre Gemayel, mais ce dernier refuse d'engager ses troupes dans l'opération.

• **Le déroulement de l'opération.** C'est un véritable succès pour Israël. Les combats s'étendent à tout le Liban et les troupes israéliennes occupent les montagnes du Chouf et la plaine de la Bekaa. Des combats opposent les Israéliens aux Syriens dans l'est du Liban. Dès le 3 juillet, 14 500 combattants palestiniens sont retranchés dans Beyrouth-Ouest, encerclé, par l'armée israélienne. Dans cette opération, **Israël a été soutenu sans restriction par les États-Unis.**

c. Les initiatives diplomatiques

- **Intervention de la diplomatie américaine.** Alors que Sharon fait intensifier les bombardements sur Beyrouth-Ouest, les États-Unis multiplient les initiatives visant à permettre l'évacuation des combattants palestiniens. L'administration Reagan ne souhaite pas l'élimination de l'OLP, qu'elle juge éventuellement susceptible de participer à de futures négociations de paix. L'émissaire américain, Philip Habib, parvient à imposer un cessez-le-feu au mois d'août; les Américains sont à l'origine de la constitution, avec les Français, les Britanniques et les Italiens, d'une Force multinationale d'interposition (FMI) qui doit protéger l'évacuation des Palestiniens. Les Israéliens acceptent la solution américaine.
- **Le 1er septembre 1982, dans une allocution destinée aux Israéliens et aux Arabes, Ronald Reagan énonce ses propositions pour une paix au Proche-Orient**. Le contexte libanais lui permet de concevoir des négociations pour une paix s'appliquant à toute la région. Ses offres sont importantes en ce qu'elles restent valables jusqu'aux négociations de Madrid de 1991. Reagan souhaite **faire valoir les droits des Palestiniens tout en assurant la sécurité de l'État d'Israël**. Même s'il refuse la perspective d'un État palestinien, il avance l'idée d'un **transfert des pouvoirs internes des Israéliens aux Palestiniens en Cisjordanie et à Gaza, lors d'une période transitoire de cinq ans**. Il demande aux Israéliens de geler l'implantation des colonies juives. Ce plan est refusé ultérieurement par l'OLP.
- **Les pays arabes énoncent leur propre plan de paix** lors de la réunion de la Ligue arabe **à Fès** du 6 au 9 septembre 1982. Ils reprennent les grandes lignes du plan Fahd de 1981, ce qui suppose une **reconnaissance implicite d'Israël**.

Ce plan ne reçoit pas plus de succès que les autres.

B. L'IMPASSE LIBANAISE

a. Sabra et Chatila

- Pendant que les initiatives diplomatiques se multiplient, **Tsahal achève la prise de contrôle de Beyrouth-Ouest**, que les Palestiniens ont fini d'évacuer le 3 septembre. Parallèlement, l'armée israélienne surveille les camps de réfugiés palestiniens. Mais, pendant trente-six heures du 16 au 18 septembre, **elle accepte de laisser pénétrer des miliciens phalangistes chrétiens dans les camps de Sabra et de Chatila ; ceux-ci vont massacrer environ un millier de civils palestiniens**, sans que les forces israéliennes interviennent.

- **Conséquences de Sabra et de Chatila.** L'opération militaire israélienne est très largement discréditée ; l'État hébreu n'a pas réussi à recréer le climat dont il avait bénéficié en 1967. Si les États-Unis restent fidèles à Israël, ils obtiennent cependant le retrait de Tsahal de Beyrouth et l'ouverture de négociations israélo-libanaise à Khaldé.
- **Les difficultés du gouvernement sont importantes.** Nombreux sont les Israéliens qui manifestent leur hostilité à cette guerre à l'appel du mouvement « La paix maintenant ». Des attentats atteignent les militaires israéliens au Liban. En février 1983, Ariel Sharon, mis en cause dans la question des massacres de Sabra et de Chatila par le rapport Kahane, doit démissionner.

b. Affaiblissement de la position d'Arafat à la tête du mouvement palestinien

Les initiatives d'Arafat pour tenir ses positions au Liban ont été mal perçues au sein de l'OLP. Il a en effet, en juillet 1982, annoncé la reconnaissance des résolutions de l'ONU sur la Palestine. Il doit dorénavant faire face à des attitudes radicales et à des scissions. En juin-juillet 1983, des combats opposent au Liban membres du Fath loyalistes et dissidents. Les proches d'Arafat ne sont pas épargnés ; son conseiller politique, Issam Sartaoui, est assassiné. La Syrie cesse son soutien à Arafat ; le 24 juin 1983, le chef de l'OLP est expulsé de Damas.

c. La paix israélo-libanaise

- **Israël accepte la paix avec le Liban.** Voulu par la diplomatie américaine, l'accord israélo-libanais du 17 mai 1983 prévoit la sortie du Liban de toutes les forces extérieures (palestiniennes, israéliennes et syriennes) ; le Liban ne doit plus servir de base pour des actions hostiles à Israël.
- **L'attitude de la Syrie.** L'accord implique le soutien de la Syrie. Or le président Hafez el-Assad souhaite profiter de l'affaiblissement israélien pour développer son influence au Liban ; il refuse donc que les troupes syriennes quittent l'est du pays. La Syrie favorise ses alliés au Liban : Druzes, qui affron-

tent et battent les chrétiens dans la guerre du Chouf, en septembre 1983 ; dissidents du Fath, qui contraignent Arafat et les loyalistes à évacuer le Liban-Nord en décembre 1983.

• **Les mouvements musulmans fondamentalistes** profitent de la faiblesse de l'État libanais pour se tailler des zones d'influence et mener des actions violentes : le Djihad islamique, stipendié par l'Iran, multiplie les attentats contre les forces américaines et françaises ; le mouvement chiite Amal s'installe à Beyrouth-Ouest et prend progressivement le contrôle des camps de réfugiés au prix d'affrontements sanglants avec les Palestiniens...

C. LE PROCHE-ORIENT ÉCLATÉ

a. Difficultés intérieures israéliennes

• **Les difficultés économiques sont considérables.** La guerre au Liban coûte à Israël environ 3 milliards de dollars et la dette extérieure est de 18 milliards. En 1983, l'inflation atteint 1 000 %. Les dons annuels américains, 3 milliards d'aide civile et militaire, ne peuvent empêcher le gouvernement de devoir adopter une politique de rigueur : déflation, dévaluation du shekel... La société israélienne est de plus en plus inégalitaire ; les écarts de salaires s'accroissent et le chômage se développe.

• **Dans les territoires occupés, la croissance s'essouffle.** Les infrastructures sont insuffisantes, les investissements sont presque inexistants... L'économie de Gaza et de la Cisjordanie n'existe que dans la dépendance israélienne. La colonisation juive s'étend au détriment des Palestiniens. En février 1984, le rapport Karp dénonce l'attitude des autorités militaires israéliennes, **tandis qu'apparaît un terrorisme d'extrémistes juifs** ; Hébron semble être le lieu de la plus forte tension.

• **Les grands groupes politiques israéliens sont atteints.** Aux élections de juillet 1984, ni les travaillistes ni le Likoud n'obtiennent la majorité. Faute de quoi, ils constituent un gouvernement d'union sur le principe de la *rotatzia* : Shimon Pérès devient Premier ministre pour deux ans ; Yitzhak Shamir doit lui succéder en 1986.

b. Arafat à la recherche d'une nouvelle légitimité

Alors que se constitue un pôle arabe « dur » autour de la Syrie, de la Libye et des radicaux de l'OLP, Arafat développe une diplomatie visant à regrouper les pays « modérés ». Avec beaucoup de difficultés, il se rapproche de la Jordanie, cherchant à favoriser l'émergence d'une représentation jordano-palestinienne en vue de négociations; il se rapproche aussi de l'Égypte. Hosni Moubarak rencontre Arafat en décembre 1983. **L'Égypte sort progressivement de son isolement.** Avec le rétablissement de ses relations diplomatiques avec la Jordanie en septembre 1984, l'Égypte crée autour d'elle un pôle arabe modéré et ouvert à la négociation.

c. Absence de perspectives de paix

- **Israël se radicalise.** En juin 1985, Tsahal finit d'évacuer le Liban. Israël conserve au sud du pays une « zone de sécurité », qu'elle fait contrôler par l'Armée du Liban-Sud (ALS); celle-ci, milice chrétienne du général Lahad, est financée et équipée par l'État hébreu. Ne comptant que sur le soutien des États-Unis, les Israéliens écartent toute possibilité de règlement du problème. En septembre 1985, **la loi anti-OLP interdit tout contact entre Israéliens et membres de l'organisation palestinienne,** ruinant ainsi tout espoir de négociations. En octobre, l'aviation israélienne effectue un raid meurtrier sur le nouveau quartier général de l'OLP, à Tunis.
- **Le monde arabe ne parvient plus à offrir un front uni.** La Jordanie et l'Égypte forment un nouveau pôle qui s'oppose à celui établi autour de la Syrie. Le Liban est ruiné et fractionné en une multitude de factions rivales; la Syrie a profité de la guerre pour y étendre son influence. L'Irak est entièrement mobilisé par la guerre contre l'Iran; il n'est pas inutile de noter qu'Israël fournit des armes aux Iraniens.
- **L'OLP et Yasser Arafat sont toujours à la recherche d'une vraie légitimité.** Arafat a beau condamner le terrorisme, les dissidents de l'OLP n'en ont cure et ruinent le crédit du chef palestinien. La situation des Palestiniens, à l'extérieur comme à l'intérieur des territoires occupés, ne semble pas devoir trouver de solution immédiate.

L'INTIFADA : LES PALESTINIENS ET ISRAËL DE 1985 À LA GUERRE DU GOLFE

A. ISRAËL FACE À L'INTIFADA

a. Impasse du conflit israélo-arabe

• **La guerre du Liban a profité à la Syrie**, qui y installe progressivement son autorité. Israël ne tire sa relative tranquillité que de la division de ses adversaires ; l'État hébreu peut estimer avoir résolu temporairement le problème de l'OLP.

• En 1986, **les seules véritables initiatives viennent de Shimon Pérès**, Premier ministre de l'État hébreu. Celui-ci tente de mettre en place une conférence internationale qui permettrait de résoudre, par des négociations avec la Jordanie, le problème des territoires occupés. Ces manifestations de bonne volonté échouent en raison de l'hostilité des autres membres du gouvernement. Lorsqu'en vertu de l'accord de 1984, Yitzhak Shamir devient à son tour Premier ministre, il désavoue les initiatives de Pérès. Ainsi, l'accord de Londres conclu entre Shimon Pérès et Hussein de Jordanie le 11 avril 1987 est rejeté par le nouveau gouvernement.

• **La guerre Iran-Irak** mobilise toutes les attentions. Face à un conflit qui s'enlise depuis 1980, le Conseil de sécurité de l'ONU demande en 1987 un arrêt immédiat des combats. L'Irak achète énormément d'armes à la France, mais aussi à l'URSS, devenant ainsi la première puissance militaire arabe du Proche-Orient.

b. Naissance de la « guerre des pierres »

• Le 9 décembre 1987, **un incident dans la bande de Gaza**, qui cause la mort de 4 Palestiniens, **tourne à l'émeute**. De violents affrontements avec les forces de l'ordre israéliennes font 5 morts. Ces émeutes sont le fait **d'un soulèvement spontané des jeunes Palestiniens. C'est le début de l'Intifada.**

• **L'Intifada est le soulèvement des Palestiniens** de Gaza et de Cisjordanie, qui affrontent par des jets de pierres et de cocktails Molotov les forces israéliennes chargées du maintien de l'ordre. **Elle se transforme progressivement en une véritable guérilla, accompagnée de grèves ponctuelles mais régulières.**

• **L'Intifada** est à l'origine **un mouvement spontané. Elle surprend aussi bien les autorités israéliennes que l'OLP.** Jusqu'à présent, les troubles étaient sporadiques et émanaient des étudiants. L'Intifada est nouvelle en ce qu'elle touche toutes les classes d'âges de la population des territoires occupés, et suscite des sympathies chez les Arabes israéliens. A partir de mars 1988, **l'Intifada tourne à la désobéissance civile.**

c. L'Intifada relance le problème israélo-arabe

• L'OLP **cherche à récupérer l'Intifada.** L'organisation de Yasser Arafat souhaite conserver l'initiative de la lutte anti-israélienne. Il lui faut s'assurer de la direction du soulèvement pour préserver toute sa légitimité. L'OLP se heurte alors aux fondamentalistes musulmans. **En février 1988, le cheik Ahmed Ismaïl Yassin fonde le Hamas pour contrer la prise en main du soulèvement par l'OLP.** Le Hamas se développe par le réseau des mosquées, des écoles coraniques et des organisations caritatives. Trop soucieuses d'affaiblir l'OLP, **les autorités israéliennes laissent le Hamas se développer** sans mesurer les conséquences de leur passivité.

• **Le gouvernement Shamir entend répliquer à l'Intifada par la force.** C'est la « politique de la matraque », à laquelle souscrit aussi bien le travailliste Yitzhak Rabin. Les forces armées israéliennes tirent peu mais multiplient les « passages à tabac ». Les sanctions peuvent aussi être collectives, par des coupures d'eau ou d'électricité pour les quartiers d'où sont issus les émeutiers. Le couvre-feu est décrété à Gaza et en Cisjordanie.

• Alors que l'Intifada s'étend, **les Américains relancent leurs initiatives diplomatiques** en vue de promouvoir la tenue d'une conférence internationale. Dans une lettre envoyée à Yitzhak Shamir le 4 mars 1988, le secrétaire d'État américain George Shultz développe l'idée de négociations entre Israël et une délégation jordano-palestinienne. Il s'agit de donner un statut définitif aux territoires occupés, dans le cadre de la résolution 242. Shamir rejette rapidement ce plan.

B. ÉCHEC DU PREMIER PROCESSUS DE PAIX

a. Renforcement de l'OLP

• **La situation d'Israël, déjà fragilisée par l'Intifada, devient plus délicate** encore avec la fin de la guerre Iran-Irak, en juillet 1988. Même si l'Irak sort ruiné de la guerre, **il n'en possède pas moins la plus puissante armée du Proche-Orient** : 800 000 soldats, des missiles à longue portée, des armes chimiques et un programme d'armement nucléaire. De plus,

Saddam Hussein se veut le nouveau promoteur de l'unité arabe. Devenant le principal pourvoyeur de fonds de l'OLP, il veut être l'artisan de la victoire des Arabes contre l'État hébreu. Cependant, ces ambitions hégémoniques inquiètent ses voisins, notamment l'Arabie Saoudite et la Syrie.

• Confortée par le développement de l'Intifada et par le soutien financier de l'Irak, **l'OLP se lance à partir de juillet 1988 dans une politique d'indépendance vis-à-vis des autres États arabes,** qui se caractérise par :

– **la rupture des liens organiques de la Jordanie** avec les territoires occupés : le roi Hussein de Jordanie décide de désengager son pays de l'assistance financière et administrative prodiguée jusqu'à présent à la Cisjordanie ;

– **la transformation de l'OLP en véritable État :** après avoir réussi à réunifier les différentes tendances de l'organisation l'année précédente, **le 19e CNP, en novembre 1988, proclame la création d'un État palestinien avec Jérusalem pour capitale,** sans préciser quelles doivent être les frontières de cet État. L'OLP entend désormais se poser en égale des autres pays arabes et faire considérer par la communauté internationale les territoires occupés comme un État envahi, dont le gouvernement serait en exil. Le 19e CNP est fondamental : désormais **la charte de l'OLP est implicitement remplacée par la déclaration d'indépendance.**

• **L'amorce d'un dialogue américano-palestinien** : en déclarant publiquement en décembre 1988 qu'Israël a droit à la sécurité et que l'OLP renonce au terrorisme, Arafat souhaite légitimer l'existence de son organisation aux yeux des Américains. George Shultz accepte alors l'ouverture d'un dialogue avec les Palestiniens. Arafat, dans une interview donnée à la télévision française le 2 mai 1989, **déclare que la charte de l'OLP est caduque.**

b. Le plan Shamir

• A l'initiative des Américains, **Yitzhak Shamir propose, le 14 mai 1989, son propre plan de paix.** Il présente l'idée d'élections dans les territoires occupés, à l'exclusion de Jérusalem-Est, afin de dégager une représentation palestinienne avec laquelle pourrait être négocié le statut de la Cisjordanie et de Gaza.

• **Ce plan suscite des réactions diverses :**

– les pays arabes, derrière **l'Égypte (qui réintègre la Ligue arabe** à cette occasion), acceptent les résolutions 242 et 338. Le plan Moubarak du 2 juillet 1989 accepte le principe d'élections

dans les territoires à condition d'y inclure Jérusalem-Est et de geler la colonisation juive. Il propose de surcroît **l'échange des territoires contre la paix** ;
– l'OLP rejette le plan, appelant même à intensifier l'Intifada ;
– en Israël, les ministres « durs » du gouvernement, derrière Sharon, posent des conditions draconiennes à l'exécution du plan Shamir. En soumettant son application à la cessation de l'Intifada et au refus de tout dialogue avec l'OLP, ils vident le plan de toute perspective concrète.

• **Les efforts de James Baker**, secrétaire d'État du président George Bush, pour relancer le plan Shamir en octobre 1989 **se heurtent**, malgré la bonne volonté de l'OLP et de l'Égypte, **à l'intransigeance du gouvernement israélien.**

c. Blocages israéliens

• **La relance de l'idée du « Grand Israël » par Shamir.** Le gouvernement, en favorisant l'entrée des Juifs soviétiques, admet l'idée d'un territoire étendu pour accueillir le plus grand nombre de Juifs possible et relancer les initiatives sionistes.

• **L'accroissement des mesures répressives face à l'Intifada.** A la fin de 1989, 13 000 à 14 000 Palestiniens sont en prison ; la presse des territoires est muselée. Le bilan de la répression est lourd : les forces israéliennes ont tué 586 Palestiniens, détruit 257 maisons et scellé 124 autres. Surtout, **l'Intifada provoque un vif mouvement de sympathie pour la cause palestinienne dans l'opinion publique internationale** ; parallèlement, Israël souffre alors d'une forte dégradation de son image.

• **Le 13 mars 1990, Yitzhak Shamir destitue Shimon Pérès du gouvernement**, suite au désaccord entre les deux hommes portant sur l'acceptation des plans américains. La rupture de l'union nationale oblige Shamir à gouverner avec les partis religieux. **Elle marque aussi l'arrêt du processus diplomatique qui devait conduire à une conférence internationale.**

C. LA GUERRE DU GOLFE

a. L'invasion du Koweït

Paradoxalement, la relance du processus de paix au Proche-Orient découle de la guerre du Golfe.

En juillet 1990, l'Irak ouvre une crise majeure avec le Koweït, l'accusant de pomper ses nappes de pétrole. Saddam Hussein met aussi en cause l'OPEP, qui bloquerait le prix du baril, l'empêchant ainsi de reconstruire son pays endetté et dévasté par la guerre contre l'Iran. Malgré la médiation égyptienne et l'augmentation du prix du pétrole le 27 juillet, **l'Irak envahit le Koweït le 2 août 1990**.

b. La coalition internationale contre l'Irak

- **La réaction américaine est très vive.** Elle s'explique par le fait que la nouvelle puissance irakienne est susceptible de menacer deux des alliés des États-Unis : l'Arabie Saoudite et Israël. Les Américains ne peuvent admettre la mainmise irakienne sur le pétrole koweïtien et sur la Koweït Investment Company, dont les intérêts sont présents dans toutes les économies occidentales. Les États-Unis étant assurés de la neutralité soviétique, les forces armées américaines débarquent le 7 août 1990 en Arabie pour l'opération « Bouclier du désert », tandis que le Conseil de sécurité de l'ONU décide d'un embargo total de l'Irak.
- Le 10 août 1990, le sommet arabe du Caire condamne l'invasion du Koweït et décide de **la participation des pays arabes à une force multinationale**. La Jordanie, dont l'économie dépend de l'Irak, se veut neutre. **L'OLP soutient ouvertement l'Irak ; ce faisant, elle voit disparaître tout le capital de sympathie gagné depuis le début de l'Intifada**.

c. Relance du processus de paix

- Des négociations entre l'Irak et les États-Unis n'ayant pu aboutir, **les Américains déclenchent l'opération « Tempête du désert » le 17 janvier 1991**. Les Irakiens sont rapidement écrasés. Le 28 février, les combats s'arrêtent. L'Irak a vainement essayé d'impliquer Israël dans le conflit pour dissocier la coalition arabe. Malgré les missiles qui s'abattent sur leur territoire, les Israéliens, à la demande expresse des Américains, ne ripostent pas. **L'État hébreu prouve ainsi qu'il n'est pas systématiquement agressif.**
- Le 6 mars 1991, George Bush tire, devant le Congrès des États-Unis, le bilan de la guerre du Golfe : « **Le temps est venu de mettre un terme au conflit israélo-arabe** ». Le principe de la diplomatie américaine est alors **l'échange des territoires occupés contre la paix**.

LE PROCESSUS DE PAIX

A. LES CONSÉQUENCES DE LA GUERRE DU GOLFE

a. L'initiative américaine

• Dès mars 1991, **James Baker effectue une tournée diplomatique** au Proche-Orient. **La bonne volonté des pays arabes est réelle**, notamment de la part de l'Égypte et de l'Arabie Saoudite.

• **Les plus réticents restent Israël et l'OLP.** Yitzhak Shamir ne souhaite pas négocier avec l'organisation palestinienne, affaiblie par son soutien à l'Irak. Les autorités américaines multiplient alors les pressions financières.

• **Les Américains imposent à l'OLP une délégation jordano-palestinienne.** Les Palestiniens acceptent cette formule, qui permet d'entretenir la fiction d'une absence de contacts entre Israël et l'OLP. A ces conditions, et devant l'insistance américaine, Shamir se résigne à la tenue d'une conférence.

b. La conférence de Madrid

• **La conférence de paix sur le Proche-Orient s'ouvre à Madrid le 30 octobre 1991.** Parrainée par George Bush et Mikhaïl Gorbatchev, elle réunit les délégations israélienne et arabe. Les contacts sont vifs et souvent difficiles. La portée de la conférence de Madrid sera surtout symbolique.

• **Cette conférence a pour conséquence principale d'amorcer un cycle de négociations entre Israël et les pays arabes.** Les dialogues bilatéraux se poursuivent à Washington.

c. Divergences israélo-palestiniennes

• **L'impasse des négociations est flagrante** dès février-mars 1992. **Les positions israélienne et palestinienne semblent difficilement conciliables.**

• Le 20 février 1992, dans les propositions israéliennes, **Shamir entend s'en tenir à un transfert de compétences réduit au minimum** pour les Palestiniens des territoires occupés. Il rejette notamment toute possibilité de leur déléguer le maintien de l'ordre à Gaza et en Cisjordanie. Les colonies juives sont exclues de toute possibilité d'accord.

• Le 3 mars suivant, **les Palestiniens font connaître leurs propositions.** Celles-ci sont étendues et récapitulent les conditions mises par l'OLP à la paix avec Israël :

– arrêt de la colonisation comme condition préalable ;
– délégation des pouvoirs réels à une Autorité intérimaire autonome, exerçant son administration sur l'ensemble des territoires occupés, y compris sur Jérusalem-Est.
A terme, l'autonomie doit déboucher sur l'autodétermination et donc sur la création d'un État palestinien. Ce plan est rejeté par Israël. L'impasse est totale.

B. PROGRÈS DE LA PAIX AU PROCHE-ORIENT

a. Déblocage du processus de paix

● **La situation semble se débloquer avec les résultats des élections législatives en Israël.** Le 23 juin 1992, le Likoud perd les élections. Pour la première fois depuis 1977, les travaillistes et leurs alliés détiennent l'intégralité du pouvoir. Yitzhak Rabin devient Premier ministre ; proche des Américains et pragmatique, il apparaît susceptible de relancer le processus des négociations. Shimon Pérès, favorable au dialogue avec l'OLP, devient ministre des Affaires étrangères.

● **Le nouveau gouvernement israélien multiplie dès lors les gestes de bonne volonté :** le gel partiel de la colonisation juive dans les territoires occupés à partir de juillet 1992 et l'abrogation de la loi anti-OLP en janvier 1993 permettent la reprise des négociations à Washington en avril de la même année.

● **La répression continue cependant de se développer** à Gaza et en Cisjordanie. Les mesures d'expulsion se multiplient ; elles ont des incidences internationales lorsque le Liban refuse d'accepter les expulsés. Pendant l'été 1993, les Israéliens mènent plusieurs offensives contre le Hezbollah au Liban.

b. Les accords de Washington

● Alors que les négociations israélo-palestiniennes semblaient au point mort, **Shimon Pérès rencontre à Oslo des représentants de l'OLP en août 1993**. Il semble décidé à permettre l'accession des territoires occupés à l'autonomie. De son côté, Yasser Arafat accepte d'engager le Fath et l'OLP dans la voie d'une acceptation de l'existence d'Israël.

● **Les négociations d'Oslo aboutissent à l'échange de lettres de reconnaissance mutuelle entre Israël et l'OLP.** En acceptant officiellement les résolutions 242 et 338, l'OLP affirme donc qu'Israël a le droit d'exister en paix et en sécurité ; sa charte devient implicitement nulle. De son côté, Israël reconnaît la légitimité de l'OLP à représenter l'intégralité du peuple palestinien. **Par ces concessions réciproques majeures, l'État hébreu et l'organisation palestinienne établissent les fondements d'un règlement de la question des territoires occupés.**

- **Le 13 septembre 1993, la signature à Washington de la déclaration de principes sur des arrangements intérimaires d'autonomie** concrétise les négociations d'Oslo. Ces accords, dont l'importance exceptionnelle est symbolisée par la poignée de main Rabin-Arafat, prévoient : la reconnaissance officielle d'Israël par l'OLP ; un statut intérimaire d'autonomie progressive pour la Cisjordanie et Gaza, mais Jérusalem-Est est exclue de la déclaration ; la période intérimaire est de cinq ans, permettant la tenue de négociations **qui doivent aboutir à la fixation d'un statut définitif pour les territoires occupés.** Les Israéliens ont obligation de désengager leurs troupes au fur et à mesure de la délégation de pouvoirs à l'Autorité palestinienne.

La joie est réelle tant en Israël que dans les territoires occupés. Pourtant la déclaration ne signifie aucunement la perspective d'un État palestinien. De plus, la question des réfugiés palestiniens n'a pas été abordée.

c. Autonomie palestinienne et paix avec la Jordanie

- **Les négociations israélo-palestiniennes**, qui commencent dès le mois suivant à Taba, en Égypte, **sont difficiles.** La tuerie du Caveau des Patriarches à Hébron, perpétrée le 25 février 1994 par un extrémiste du parti religieux Kach, met en évidence la bienveillance de l'armée israélienne à l'égard des colons juifs. **Le nombre de colons augmente le long de la frontière cisjordanienne et autour de Jérusalem. Les Palestiniens craignent de voir leur territoire réduit à de simples enclaves.**
- **Le 4 mai 1994, l'accord du Caire** parvient cependant à concrétiser l'autonomie pour la bande de Gaza et la ville de Jéricho. **L'arrivée d'Arafat à Gaza puis à Jéricho soulève une joie intense chez les Palestiniens.** La police palestinienne s'y substitue à l'armée israélienne. Le premier décret d'Arafat y annule toute la législation israélienne.
- **Israël consolide sa sécurité en faisant la paix avec la Jordanie** en octobre 1994. La Jordanie est le second État arabe à faire la paix avec Israël. La Syrie et le Liban restent les seuls pays arabes voisins d'Israël à entretenir un état de guerre.

C. LES ALÉAS DE L'AUTONOMIE PALESTINIENNE

a. Difficultés des négociations

● **Les négociations avec les Palestiniens traînent en longueur :**
– l'OLP critique le traité de paix israélo-jordanien, qui confie à Amman la responsabilité des Lieux saints et écarte les Palestiniens de Jérusalem-Est du processus d'autonomie ;
– les attentats du Hamas se multiplient en Cisjordanie et à Gaza. Ils aboutissent au bouclage des territoires par les Israéliens, qui accentue les difficultés économiques ;
– les questions de la sécurité d'Israël retardent l'extension de l'autonomie à septembre 1995. Seules six villes arabes de Cisjordanie passent alors sous contrôle palestinien.

● **Le 4 novembre 1995, Yitzhak Rabin est assassiné** par un extrémiste juif, au sortir d'une manifestation pour la paix. Shimon Pérès, qui lui succède, se montre soucieux de continuer le désengagement militaire et d'accélérer la marche à l'autonomie de la Cisjordanie. Pour lui, le processus passe par l'établissement d'élections pour les Palestiniens.

b. Les élections palestiniennes

● Le 20 janvier 1996, **plus d'un million de Palestiniens sont convoqués pour élire, au suffrage universel** :
– **un Conseil législatif** de 88 membres, qui a pour rôle d'examiner les décisions de l'Autorité intérimaire. **L'Autorité, émanation du Conseil, est le véritable exécutif des territoires autonomes.** Elle a pour mission de négocier le statut final des territoires. Le Fath enlève la majorité des sièges au Conseil ;
– **un président** de l'Autorité intérimaire : **Yasser Arafat est élu avec 88,1 % des suffrages. Il devient le chef de l'exécutif palestinien.** Président et Conseil sont élus jusqu'au 4 mai 1999, date d'expiration théorique de l'autonomie.

c. Retour des incertitudes

● Fort de ses succès diplomatiques et des résultats des élections palestiniennes, **Shimon Pérès décide, en février 1996, de provoquer des élections législatives anticipées.**

● La campagne électorale se déroule dans un climat violent : **les attentats-suicides du Hamas font un nombre important de victimes.** L'engagement de la police palestinienne contre le Hamas est efficace ; **il démontre paradoxalement aux Israéliens que l'État hébreu est dépendant de l'OLP pour sa sécurité.** La bonne volonté d'Arafat est pourtant évidente lorsqu'il permet, le 24 avril 1996, l'amendement de la charte de l'OLP par le Conseil national palestinien ; tous les articles opposés à l'existence d'Israël sont supprimés.

• Soucieux d'assurer la sécurité de la Galilée contre les tirs de roquettes du Hezbollah depuis le Liban, **Israël lance Tsahal dans une vaste opération militaire au Liban-Sud en avril.** Les États-Unis et la France entreprennent alors des démarches diplomatiques actives pour aboutir à un cessez-le-feu. Le bombardement du camp de Cana le 18 avril par l'armée israélienne provoque l'indignation de la communauté internationale et précipite la mise en place d'une trêve entre Israël et le Hezbollah.

• **Les opérations au Liban ne permettent pas à Shimon Pérès d'enrayer la dégradation de son image.** De plus, la reprise des négociations de Taba le 5 mai achoppe sur les problèmes litigieux entre Israël et l'OLP : sort de Jérusalem, avenir des réfugiés palestiniens, question des colons... Le 29 mai 1996, le Likoud emporte d'une courte majorité les élections ; Benyamin Netanyahou devient Premier ministre. Ses multiples déclarations comme l'entrée d'Ariel Sharon au gouvernement laissent l'avenir du processus de paix incertain.

d. Le blocage du processus de paix

• **Le blocage est manifeste dès le début du mois de juillet 1996.** Netanyahou refuse de négocier le calendrier d'une autonomie plus poussée, ainsi que le principe « des territoires contre la paix » ; le Premier ministre israélien affirme l'idée de « la paix contre la paix » et bloque toute perspective d'extension de l'autonomie. **L'inquiétude est réelle dans les pays arabes**, d'autant plus que Netanyahou n'accepte pas de lier la normalisation des relations israélo-arabes aux progrès de la paix avec les Palestiniens.

• **Pour les Palestiniens, le contentieux est lourd :** le redéploiement des forces israéliennes hors d'Hébron a six mois de retard ; la route qui doit relier la Cisjordanie à Gaza n'a pas été commencée ; les négociations n'ont pas repris ; les territoires palestiniens sont bouclés ; enfin, le principe d'une colonisation poussée a été adopté par le gouvernement israélien.

L'ouverture d'un tunnel archéologique sous l'esplanade des Mosquées, à Jérusalem, **est vécue comme une provocation supplémentaire** par les Palestiniens. Alors que Palestiniens et

Israéliens revendiquent la Ville sainte pour capitale, le tunnel affirme, pour les autorités israéliennes, le principe de l'antériorité juive et dénie donc implicitement aux Palestiniens tout droit historique à occuper le site. **Le 25 septembre, les Palestiniens se soulèvent, retrouvant les réflexes de l'Intifada.** Les affrontements sont extrêmement violents, la police palestinienne se rangeant aux côtés des émeutiers. Lorsque les combats cessent le 27 septembre, 62 Palestiniens et 14 soldats israéliens ont trouvé la mort.

- Malgré **le refus du Premier ministre israélien de céder sur quelque point que ce soit**, le président Clinton parvient à réunir Arafat et Netanyahou à Washington les 1er et 2 octobre. La conférence est un échec presque complet; les Américains parviennent cependant à renouer le fil des négociations entre Israéliens et Palestiniens. **Tous les problèmes qui avaient conduit à l'affrontement du mois de septembre restent toutefois en suspens** et soumis au bon vouloir du gouvernement israélien. L'attitude israélienne compromet l'avenir des relations israélo-arabes. Le président Moubarak et le roi Hussein ont fait part de leurs très vives inquiétudes quant à l'avenir de la paix.

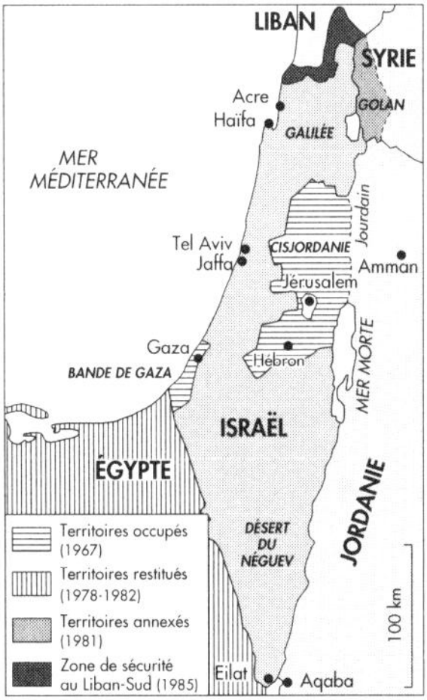

Israël et les territoires occupés à partir de 1967

CONSEILS DE LECTURE

Sur les origines du conflit israélo-arabe

LAQUEUR Walter, *Histoire du sionisme*, Paris, Gallimard, coll. « Tel », rééd. 1994, 2 vol.

RODINSON Maxime, *Israël et le Refus arabe. 75 ans d'histoire*, Paris, Éd. du Seuil, coll. « L'histoire immédiate », 1968.

SANBAR Elias, *Les Palestiniens dans le siècle*, Paris, Gallimard, coll. « Découvertes », 1994.

STERNHELL Zeev, *Aux origines d'Israël. Entre nationalisme et socialisme*, Paris, Fayard, 1996.

L'Occident et le conflit israélo-arabe

KASSIR Samir et MARDAM BEY Farouk, *Itinéraires de Paris à Jérusalem. La France et le conflit israélo-arabe*, Paris, Revue d'études palestiniennes, 1992-1993, 2 vol.

MANSOUR Camille, *Israël et les États-Unis ou les Fondements d'une doctrine stratégique*, Paris, Armand Colin, 1995.

Les grandes phases du conflit israélo-arabe

GRESH Alain et VIDAL Dominique, *Palestine 47 un partage avorté*, Bruxelles, Éditions Complexe, 1994.

MORRIS Benny, *Israel's Border Wars, 1949-1956*, Oxford Clarendon Press, 1993.

HAZAN Pierre, *La Guerre des Six-Jours. La victoire empoisonnée*, Bruxelles, Éditions Complexe, 1983.

Le processus de paix

DIECKHOFF Alain, « Israéliens et Palestiniens : les défis de la paix », in *Problèmes politiques et sociaux*, n° 738-739, 18 novembre 1994.

BARON Xavier, *Proche-Orient, du refus à la paix. Les documents de référence*, Paris, Hachette, coll. « Pluriel », 1994.

LEMARCHAND Philippe et RADI Lania, *Israël/Palestine demain. Atlas prospectif*, Bruxelles, Éditions Complexe, 1996.

RÉALISATION : ATELIER GRAPHIQUE DES ÉDITIONS DE SEPTEMBRE À PARIS
IMPRESSION : AUBIN IMPRIMEURS À POITIERS
DÉPÔT LÉGAL MARS 1997. N° 30422 (L53385)